Exploring the CARBON MARKET

키워드로 살펴보는 탄소시장

김형진

by KEYWORDS

박영사

서문

탄소시장은 이제 특정 분야의 이슈를 넘어, 기업, 금융, 정책, 무역 전반에 걸쳐 영향을 미치는 공통 언어가 되었습니다. 그러나 처음 탄소시장을 접할 때, RE100, ETS, CBAM, SBTi, ITMO, REDD+ 등의 낯선 약어와 상이한 정의들로 인해 혼란을 겪을 수 있습니다. 이 책은 이러한 용어의 장벽을 낮추고, 사회 전반에 대한 이해를 증진시키기 위해 기획되었습니다.

본서는 탄소시장과 기후 거버넌스를 30개의 핵심 키워드를 중심으로 체계적으로 정리했습니다. 각 항목은 공신력 있는 1차 자료를 바탕으로 개념, 배경, 제도, 시장, 사례, 체크리스트의 구조로 설명되며, 용어 간의 연결을 통해 전체적인 흐름을 쉽게 파악할 수 있도록 돕습니다. 복잡한 규정들이 실제 거래와 어떻게 맞물리는지, 그리고 어떤 사항을 먼저 확인해야 하는지 차근차근 안내하고자 하였습니다.

이 책은 다음과 같은 분들께 유용합니다.

- 처음 탄소시장을 접하는 일반 독자와 학생
- 규제, 보고, 거래를 동시에 이해해야 하는 기업 및 금융 실무자
- 국제 규범과 국내 제도의 정합성을 검토하는 정책 담당자

탄소시장은 빠르게 변화하는 영역입니다. 본서는 집필 당시의 최신 정보를 반영했으나, 실제 의사결정 전에는 반드시 최신 공식 문서를 확

인하시기 바랍니다.

이 책이 세상에 나오기까지는 저의 힘만으로는 불가능했습니다. 연구와 사업 현장에서 함께 고민하고 길을 열어주신 많은 분들의 도움과 격려 덕분에 가능했습니다. 무엇보다 본서의 가치를 공감하고 출판의 길을 열어주신 박영사 관계자분들께 깊은 감사를 드립니다. 또한, 탄소시장으로 저를 초대해주시고 실제 프로젝트를 함께 수행해준 KCCTS 김항석 대표님, 명성윤 수석님, 이경중 책임님, Green Idea Lab 장병일 대표님, 그리고 이 과정에서 항상 큰 가르침을 주셨던 ENCC의 정해봉 고문님께도 감사의 인사를 전합니다. 박사 시절, Green Management의 길로 이끌어주신 GGGI 김상협 사무총장님, KAIST 엄지용 교수님, 안병훈 교수님께도 감사드립니다. 이론과 실천의 균형을 보여주신 선생님들이 계셔서 한 걸음 내딛을 수 있었습니다. 특히, 새로운 분야에 도전할 수 있는 용기를 주셨던 지도교수님, 김영걸 교수님께 항상 감사드립니다.

집필 과정을 이해해주시고 묵묵히 응원해주신 가족과 가까운 동료들께도 감사의 마음을 전합니다. 여러분의 지지와 배려가 없었다면 끝까지 완성할 수 없었을 것입니다. 특히, 본서의 원고를 꼼꼼하게 읽어주시고 부족한 부분들을 지적해주신 박예린 선생님께 가장 큰 고마움을 전합니다.

부디 이 책이 처음 문을 여는 분들께는 길잡이가, 이미 현장에서 일하시는 분들께는 점검표가 되기를 바랍니다. 정확한 정보와 일관된 기준을 바탕으로 한 이해와 실천을 통해 신뢰받는 탄소시장을 만들 수 있을 것입니다. 독자 여러분의 성찰과 실천에 작은 도움이 되기를 진심으로 바랍니다.

2025년 11월

김형진

차례

01

UN-SDGs는 무엇인가요?

01 UN-SDGs는 무엇인가요?

핵심요약

* SDGs(Sustainable Development Goals)란?
'지속가능한 발전'을 위해 UN에서 합의한 국제적인 약속이다.

UN-SDGs 개념

2015년 제70차 UN총회에서 2030년까지 달성하기로 결의한 의제인 지속가능발전목표(SDGs: Sustainable Development Goal)는 지속가능발전의 이념을 실현하기 위한 인류 공동의 17개 목표이다. SDGs의 슬로건은 '단 한 사람도 소외되지 않는것(Leave no one behind)'이다. SDGs는 인간, 지구, 번영, 평화, 파트너십이라는 5가지 영역에서 인류가 나아갈 방향성 17개 목표와 169개의 세부목표를 제시하고 있다.

SDGs의 5대 핵심 영역

구분	5가지 영역 내용
인간 (People)	모든 형태와 차원의 빈곤과 기아를 종식하고, 모든 인간이 존엄과 평등 속에, 그리고 건강한 환경에서 자신의 잠재력을 실현할 수 있도록 보장한 것을 결의한다.
지구 (Planet)	우리는 현 세대와 미래세대의 필요를 지원할 수 있도록 지속가능한 소비와 생산을 하고, 지구 천연자원을 지속가능한 방식으로 관리하며, 기후 변화에 대한 시급한 조치를 하는 등으로 지구를 황폐화되지 않도록 보호하는 것을 결의한다.
번영 (Prosperity)	모든 인간이 풍요롭고 보람 있는 삶을 향유할 수 있고 자연과의 조화 속에 경제, 사회, 기술의 진보가 이루어지도록 보장할 것을 결의한다.
평화 (Peace)	공포와 폭력이 없는 평화롭고 공정하며 포용적인 사회를 만들 것을 결의한다. 평화가 없는 지속가능한 개발은 있을 수 없으며, 지속가능한 발전 없는 평화는 있을 수 없다.
파트너십 (Partnership)	강화된 글로벌 연대의 정신에 기초하고, 특히 최빈곤층과 최취약층의 요구에 초점을 맞추며, 모든 국가, 모든 이해관계자 및 모든 사람이 참여하는 활성화된 지속가능발전 글로벌 파트너십(Global Partnership for Sustainable Development)을 통해 본 의제의 이행에 요구되는 수단을 동원할 것을 결의한다.

17가지의 SDGs

구분	17개 목표
1	모든 곳에서 모든 형태의 빈곤 종식
2	기아 종식, 안전하고 영양이 개선된 식량 달성, 지속가능한 농업 장려
3	모든 연령층을 위한 건강한 삶 보장과 웰빙 증진
4	포용적이고 공평한 양질의 교육 보장과 모두를 위한 평생학습 기회 증진
5	성평등 달성과 모든 여성 및 여아의 권익 신장

구분	17개 목표
6	모두를 위한 물과 위생의 이용가능성과 지속가능한 관리 보장
7	모두를 위한 적정가격의 신뢰할 수 있고 지속가능하며 현대적인 에너지에 대한 접근 보장
8	지속적이고 포용적이며 지속가능한 경제성장, 완전하고 생산적인 고용과 모두를 위한 양질의 일자리 증진
9	회복력 있는 사회기반시설 구축, 포용적이고 지속가능한 산업화 증진과 혁신 도모
10	국내 및 국가 간 불평등 감소
11	포용적이고 안전하며 회복력 있고 지속가능한 도시와 주거지 조성
12	지속가능한 소비와 생산 양식의 보장
13	기후변화와 그로 인한 영향에 맞서기 위한 긴급 대응
14	지속가능발전을 위하여 대양, 바다, 해양자원의 보전과 지속가능한 이용
15	육상 생태계 보호, 복원 및 지속가능한 이용 증진, 지속가능한 산림 관리, 사막화 방지, 토지 황폐화 중지와 회복, 생물 다양성 손실 중단
16	지속가능한발전을 위한 평화롭고 포용적인 사회 증진, 모두에게 정의 보장과 모든 수준에서 효과적이고 책임성 있으며 포용적인 제도 구축
17	이행 수단 강화와 지속가능한 발전을 위한 글로벌 파트너십 재활성화

SDGs는 현재 어떻게 진행되고 있을까?

2025년 UN SDGs 보고서에 따르면, 지속가능발전목표 달성은 여전히 부진하고 불균형적이다. 코로나19, 기후 위기, 분쟁, 부채 등 복합적 위기가 진행 속도를 크게 늦추고 있으며, 국제협력이 긴급히 필요하다는 경고가 반복되고 있다.

빈곤 문제

- 전 세계 극빈층 인구는 약 7억 명 수준이다.
- 2023년 기준 극빈층인구는 2015년 방법론과 비교하면 소폭 감소했으나, 여전히 700만 명 이상이 빈곤선 이하에서 살아간다.

식량 불안정

- SDGs 보고서는 식량 시스템 개혁을 집중 우선순위로 강조하며, 농산물 및 식품 체계 개혁이 시급하다고 지적한다.

건강 및 보건

- 만 5~10년간 보건 성과 중 일부는 개선되었으나, 결핵·소아 사망률 등 일부 지표는 여전히 목표치에 미치지 못한다.
- 특히, 코로나 팬데믹 이후 건강 분야 회복이 더디다는 분석이 지배적이다.

교육 격차

- 초등교육 접근성과 모바일 브로드밴드 보급률은 개선되었으나, 중등·고등교육, 기초 문해·계산 능력 등 핵심 역량 지표는 여전히 도전 과제이다.

| 성평등 문제

- 여성 의회 진출 비율은 평균 26% 수준을 유지하나, 여전히 낮은 편이다.
- 여성 폭력·조혼·경제적 취약성 등은 팬데믹 이후 악화된 양상을 보인다.

| 물과 위생

- 안전한 식수 접근은 일부 개선되었으나, 지속가능한 관리 수준은 부진하며 2030 목표 달성을 위해서는 진전 속도를 크게 높여야 한다.

| 에너지 접근

- 2023년 기준 전 세계 전기 접근율은 91% 수준으로 유지된다. 그러나 사하라 이남 아프리카 농촌지역의 약 7%는 여전히 전기 미보급 상태이다.

전 지구적으로 노력해 왔지만, SDGs 달성은 아직 거의 모든 분야에서 불안정하다. 일부 성과(전기, 브로드밴드, 일부 보건지표 등)가 있으나, 전반적인 완주에는 다가서지 못한 상태로 볼 수 있다. 2030년까지의 마감 시한까지 5년이 채 남지 않았다. 국제사회의 기업·시민사회·국가 간 협력과 자금 투입이 시급하다.

02

ESG는 무엇인가요?

02

ESG는 무엇인가요?

핵심요약

*ESG란?

환경(Environmental), 사회(Social), 거버넌스(Governance) 등 비재무적 요소를 적극 고려하는 흐름을 통칭하는 개념이다.

ESG의 개념

ESG는 환경(Environment), 사회(Social), 지배구조(Governance)를 뜻하며, 기업의 지속가능한 성장을 위해 비재무적인 요소를 고려하는 경영 전략을 의미한다. ESG는 단순한 사회공헌을 넘어, 기업의 장기적 가치를 높이기 위한 핵심 요소로 자리잡고 있다. 코로나19로 인한 양극화, 기후위기 대응의 중요성 부각 등으로 인해 ESG에 대한 논의는 빠르게 확산되었다. 특히 정부는 '2050 탄소중립', '한국형 뉴딜' 등을 통해 환경(E), 포용(S), 공정(G) 경제로의 전환을 추진하고 있다. 지속가능성이란 '현재 세대의 필요를 충족하면서 미래 세대의 자원을 해치지 않고, 경제·사회·환경의 조화를 이루는 것'으로 정의된다.

ESG의 3대 요소

환경 (E)	기업의 경영활동 과정에서 발생하는 환경영향 전반을 포괄하는 요소들이 포함되며, 최근 기후변화와 관련된 탄소 중립, 재생에너지 사용 등이 중요한 요소로 부각
사회 (S)	임직원, 고객, 협력회사, 지역사회 등 다양한 이해관계자에 대한 기업의 권리와 의무, 책임 등의 요소가 포함되고, 최근 인권, 안전, 보건 등에 대한 이슈가 화두
지배구조 (G)	회사의 경영진과 이사회, 주주 및 회사의 다양한 이해 관계자의 권리와 책임에 대한 영역으로 이사회의 다양성, 임원 급여, 윤리경영 및 감사기구 등이 강조

ESG의 중요성

기업목적	사회적 책임을 다하며 지속가능한 경영을 추구하는 기업의 사회적 가치 실현에 초점을 둠.
자본조달	ESG는 투자자들이 기업을 평가하는 주요 기준이 되어 자금 유치에 중요성이 커지고 있음.
리스크관리	기후위기, 사회 불평등 등 다양한 리스크를 사전에 관리할 수 있는 수단으로 필수적임.

ESG의 발전 배경과 제도화

- 1987년 브룬트란트 보고서에서 '지속가능성' 개념이 도입됨.
- 2006년 UN 책임투자원칙(Principles of Responsible Investment, PRI) 발표
- 2017년 TCFD(Task Force on Climate-related Financial Disclosures, 기후변화 관련 재무정보 공개 태스크포스) 권고안 발표

주요국의 ESG 제도화 현황

국가/지역	주요 내용
EU	2018년부터 일정 규모 이상 기업에 ESG 정보공개 의무화, 공급망 인권실사 추진
독일	2021년 공급망 실사 법제화
프랑스/영국	ESG 정보공개 의무화
미국	분쟁광물 규제, 공급망 투명성법 제정 등 정보공개 강화
일본	ESG 공시 의무화를 위한 국제 기준 정비 중
중국	국영·외자 기업 대상 CSR(Corporate Social Responsibility, 기업의 사회적 책임) 정보 공개 확대 중

글로벌 기관 투자자들의 ESG 반영 사례

2023년 기준, 전 세계 ESG 채권 발행 규모는 약 5,220억 달러이며, 글로벌 책임투자 규모는 30조 달러 이상으로 성장하였다.

BlackRock	거버넌스 구조, 중장기 ESG 목표, ESG 연계 KPI 설정, 기후 변화 대응 체계, 인적자원 관리 이슈에 대한 정보를 통해 적극적 의사 결정 참여 권고
Vanguard	재생에너지, 지속가능한 산림, 수자원, 보건, 포용적 금융 등 테마투자를 운용하기 위해 기업의 ESG 정보 활용
S&P	ESG 분야 12개 지표에 대한 대외공개 정보를 기반으로 1차 평가 점수를 산정, 중·장기 지속가능성을 정상적으로 판단한 추가 평가점수와 합산하여 종합 평가 점수 도출
Moody's	19년 1월, 23개 항목으로 구성된 ESG지표[1]를 활용하여 신용 평가에 적용

1 Moody's ESG & Climate risk.

Fitch Ratings	Fitch는 19년 1월 ESG 통합 점수 시스템을 발표하였으며, 전 세계 1500개사를 대상으로 실시한 ESG 자체 평가 결과를 공개[2]

국내 ESG 대응 현황

- **금융**: ESG 펀드 및 채권 급성장 (2025년 기준 ESG 채권 상장 잔액 약 254조 6천억 원)
- **연기금**: 국민연금, 공무원연금 등 스튜어드십 코드 채택 및 ESG 반영 투자 확대
- **기업**: 대기업은 ESG 전략 본격화, 중소기업은 공급망 평가 대응으로 확산 중

국내외 ESG 실천 사례

Bosch	전 세계 400개 지점을 탄소중립 지역으로 지정, 재생에너지 확대
GM	전기차 투자 확대, '제로 교통사고·탄소배출·교통체증' 비전 제시
삼성전자	태양광 리모컨, 업사이클링 패키징, IoT 기기 전환 등 지속적 친환경 시도
애플	인종평등 프로그램, 경영진 보너스에 ESG 성과 반영

2 ESG Relevance Scores for Corporates Report, 2019.

03

RE100은 무엇인가요?

03

RE100은 무엇인가요?

핵심요약

* RE100이란?
Renewable Energy 100%의 약어이다. 기업이 사용하는 전력량의 100%를 최소 2050년까지 풍력, 태양광과 같은 재생에너지 전력으로 충당하겠다는 목표의 국제 캠페인이다.

* RE100 참여 기업은 자가 발전을 통해 재생에너지를 직업 생산하거나, 녹색 전력요금 계약을 체결하거나, PPA(Power Purchase Agreement)를 통해서 또는 재생에너지 사용 인증서(EAC, Energy Attribute Certificates)를 통해 외부로부터 재생에너지를 구매함으로써 목표를 달성해야 한다.

RE100 참여 방법

RE100 참여 기업은 다음과 같은 방식으로 재생에너지를 조달한다.

- **자가발전**: 기업이 직접 태양광·풍력 발전 설비를 운영
- **녹색 요금제**(Green Tariff): 전력회사로부터 재생에너지를 별도로 구매
- **전력구매계약**(Power Purchase Agreement, PPA): 발전사업자와 장기 계약을 맺고 전기를 구매
- EAC(Energy Attribute Certificates): 재생에너지 사용 사실이 담긴 인증서 구매

RE100의 가입 기준

기업이 참여하려면 다음 조건을 충족해야 한다.

1. 다음 중 하나 이상의 조건을 갖추면 '영향력 있는 기업'으로 인정합니다.
   1.1. 전 세계 또는 국내에서 인정받고 신뢰받는 브랜드
   1.2. 주요 다국적기업(포춘 선정 1,000대 기업 또는 동급)
   1.3. 상당한 전력 사용량(예: 0.1TWh/100GWh/100,000MWh 초과)
   1.4. RE100의 목적에 도움이 되는, 전 세계 또는 국내에서 확실한 영향력을 갖는 기타 특성
2. 캠페인에 참여하는 모든 기업은 100% 재생에너지 전력을 사용하기로 공개 선언해야 하며(4번 항 참조), 다음 사항을 반드시 이행해야 합니다.
   2.1. 사용 전력의 100%를 재생에너지원으로부터 조달
   2.2. 또는 00% 달성을 위한 일정과 명확한 전략 수립
   2.3. 이니셔티브 가입 후 12개월 내 100% 재생에너지 달성을 위한 명확한 로드맵 작성
3. 전체 운영은 온실가스(GHG)[1] 프로토콜에 따라 다음과 같이 정의합니다.
   3.1. 기업의 활동과 관련된 모든 Scope 2 배출
   3.2. 기업의 전력 생산과 관련된 모든 Scope1 배출(수송, 열 생산 또는 전기 생산과 상관없는 다른 용도의 화석연료 사용은 제외)
   3.3. 브랜드 또는 기업그룹이 50% 이상의 지분을 소유한 경우를 포함하여, 기업 그룹 내에서 운영되는 모든 기업
   3.4. 프랜차이즈나 지분 50% 미만 소유회사의 재생에너지 요건은 사례별로 평가
4. 기업은 그룹 차원에서 캠페인에 참여해야 합니다. 단, 다음 사항에 해당하는 자회사는 예외입니다.
   4.1. 모기업과 명확히 구분되는 브랜드

1 온실가스(GHG, Greenhouse Gas)란 지구온난화 현상을 유발하는 가스로서 CO_2(이산화탄소), CH_4(메탄), N_2O(아산화질소), HFCS(수소불화탄소), PFCS(과불화탄소), SF6(육불화황) 등을 말하며 이 중 HFCS, PFCS, S6F는 자연계에는 존재하지 않으며 인간이 합성한 가스임.

4.5. 연간 전력소비량이 1TWh 이상

5. 모든 기업회원은 신뢰할 수 있는 100% 재생에너지 달성 목표연도를 포함한 재생에너지 전략을 세워야 합니다. 최소 요구사항은 다음과 같습니다.

5.1. 2050년까지 100%, 최소 중간 단계는 아래와 같이

5.2. 2030년까지 60%

5.3. 2040년까지 90%

6. 기업은 매년 RE100 보고 스프레드시트(CDP 온라인 설문지)를 통해 재생에너지 전략과 진행상황을 보고해야 합니다. 특히 최소한 전력 총소비량과 재생에너지 총사용량에 관한 데이터가 필요합니다. 기업의 약속 진행상황을 명확히 파악하기 위해 추가 정보를 요구할 수 있습니다.

7. 아래에 해당되는 업종은 RE100 기업회원으로 가입할 수 없습니다. 그러나 우리는 그들이 우리 일의 가치에 기여한다는 것을 인지하고 있으므로 다른 특정 활동에서 함께 일할 수도 있습니다.

7.1. 화석연료 관련 기업: 석탄, 석유, 천연가스 등 화석연료의 생산 및 채굴 기업, 정제 및 가공 기업, 화석연료 기반(비재생에너지) 전력에서 수익의 대부분을 직접(예, 전력회사) 또는 간접적(예, 기술제공업체, 개발자 등)으로 창출하는 기업

7.2. 재생에너지 전력 관련 기업: 재생에너지 전력에서 수익의 대부분을 직접(예, 전력회사) 또는 간접적(예, 기술제공업체, 개발자 등)으로 창출하는 기업

7.3. 군수(방산) 산업: 무기 제조 및 판매를 주업으로 하는 기업

7.4. 도박 산업: 도박 관련 기업

7.5. 담배 산업: 담배 제조 및 판매 기업

7.6. 항공사: 항공 운송 기업

8. 재생에너지 전력설비를 제조하는 기업은 다음 기준에 따라 RE100에 가입할 수 있습니다.

8.1. 기업이 상당한 전력소비량을 보유해야 합니다(0.1TWh/yr 이상).

8.2. 기업의 주요 사업은 물리적 제품을 만들어내는 것입니다. 기업이 재생에너지 발전시설 개발이나 관리·재생에너지 전력 판매·또는 재생에너지 전력 고객에 대한 컨설팅·법률 또는 기타 서비스에 종사하는 경우, 이러한 서비

스는 전체 매출의 50%를 초과하지 않아야 합니다.

8.3. 가입 후 최대 8년 이내 100% 재생에너지 달성을 목표로, 골드회원에 가입해야 합니다.

8.4. 골드 회원 자격을 갖춘 재생에너지 설비제조업체는 모든 RE100 이벤트와 웨비나에 초대될 것입니다. 우리는 기업의 재생에너지 조달에 관한 정보와 경험의 공유를 권장하지만 자사 제품의 홍보나 판매에 직접 연관이 없어야 합니다.

RE100 최신 현황

2024년 RE100 연례 공개자료에 따르면 다음과 같다.

- **참여 기업 전력 소비 총량:** 약 545 TWh
- **재생에너지 사용 비율:** 53%
- **신규 가입 기업 중 아시아·태평양 지역 비중:** 75%
- **인증된 재생에너지 사용량:** 자가발전 6 TWh 증가, 공급 계약 79 TWh로 확대

산업별 분포는 다음과 같다.

- **제조업:** 109사, 소비 222 TWh, 재생에너지 비율 42%
- **서비스업:** 143사, 소비 138 TWh, 재생 비율 45%
- **바이오·헬스케어·제약:** 재생 사용 비율 58%로 가장 높은 성장률 기록

RE100 달성의 장애 요인

- **제도·시장 인프라 부족:** 일부 아시아 국가의 재생에너지 인증 시스템이 부실
- **오래된 설비:** 15년 이상 운영된 발전 설비는 기준 미달로 인증 거부됨

- **공급망·PPA 체결 어려움:** 일부 국가에서는 승인이 느리고 장벽이 높음

글로벌 산업 트렌드

- 2024년 기업들의 PPA 체결액이 전년 대비 35% 증가했으며, 특히 미국 IT·테크 기업이 주요 PPA 계약을 주도함.
- 새로운 재생설비의 공급을 위한 금융 안정성이 강조되며, 정부는 민간 PPA를 장기 계약 중심으로 장려하고 있음.
- PPA 비중은 다소 감소했으나 북미 중심으로 여전히 중요한 조달 수단으로 활용되고 있음.
- EAC 및 공급사와 계약을 통한 구매 확대: 아시아·라틴아메리카에서 핵심 조달 수단으로 자리잡음.

우리나라의 RE100과 글로벌 RE100의 차이점[4]

국내 기업과 글로벌 기업의 RE100 이행 방식에는 몇 가지 차이가 있다. 먼저, 글로벌 RE100 참여 기업은 주로 세 가지 수단을 활용해 재생에너지를 도입한다.

1. 재생에너지 공급 인증서(REC) 구매
2. 전력구매계약(PPA) 체결
3. 녹색 요금제(Green Tariff) 가입

반면, 국내 기업은 '녹색 프리미엄'을 상대적으로 더 많이 활용하고 있다. 이는 REC나 PPA에 비해 도입 비용이 낮고 절차가 간편하기 때문이다. '녹색 프리미엄'이란, 기업이 기존 전기요금 외에 추가 요금을 한국

2 신재생에너지공급의무화(RPS)제도가 한국 RE100 시스템에 끼친 영향에 관한 연구, 양원창, 성창모, 이재승(2022.10).

전력에 납부하고 재생에너지 사용 인증을 받는 방식이다. 한국전력은 이 프리미엄을 통해 재생에너지를 조달하고, 기업은 RE100 이행 실적을 인정받는다. 국내의 녹색 프리미엄 제도는 신재생에너지 공급의무화 제도(Renewable Portfolio Standard, RPS)를 기반으로 설계되었으며, REC나 PPA에 비해 도입 문턱이 낮아 중소기업도 참여하기 용이하다.

구분	글로벌 기업	국내 기업
주요 이행 수단	- REC (재생에너지 인증서) - PPA (전력구매계약) - 녹색 요금제 (Green Tariff)	- 녹색 프리미엄 (Green Premium) - 일부 REC, PPA 사용
이행 수단 특징	장기계약 기반, 공급 안정성 높음	간편한 신청, 상대적으로 저비용
이행 비용	비교적 고비용 (특히 초기 투자 필요)	상대적으로 저비용 (추가 요금만 납부)
적용 기업 규모	주로 글로벌 대기업	대기업 외에도 중소·중견기업 참여 확대 가능
제도 기반	시장 중심의 자율 조달 모델	RPS(신재생에너지 공급의무화 제도)를 기반으로 구성됨

한국 RE100 제도 도입 전후 차이점

도입 전에는 기업이 자가발전을 제외하면 재생에너지를 직접 구매할 수 있는 방법이 사실상 없었다. 전력은 대부분 한국전력공사를 통해 공급받았고, 기업이 재생에너지를 선택적으로 조달하거나 구매하는 구조가 마련되어 있지 않았다. 도입 후에는 기업이 다양한 방식으로 재생에너지를 직접 조달할 수 있게 되었다. 구체적으로는 다음과 같은 방식이 가능하다.

- **녹색프리미엄**: 한국전력공사에 추가 요금을 납부하고 재생에너지 사용 인증을 받는 방식이다.
- **REC 구매**: 시장에서 인증서를 구매하여 RE100 실적에 반영할 수 있다.
- **직접 또는 제3자 PPA**: 기업이 발전사업자와 직접 계약하거나, 제3자를 통한 전력 구매계약을 체결할 수 있다.
- **생산설비 지분참여**: 기업이 재생에너지 발전 설비에 투자하거나 지분을 보유함으로써 자가 REC 조달 또는 PPA 체결이 가능하다.

이러한 변화는 RE100 이행을 위한 선택지를 넓히고, 민간 기업의 재생에너지 사용 참여를 실질적으로 확대할 수 있는 기반이 되었다.

04

SBTi는 무엇인가요?

04

SBTi는 무엇인가요?

핵심요약

* SBTi란?

Science Based Targets Initiative의 약자. '과학에 기반한 감축 목표'를 위한 이니셔티브이다. 이때 목표란 파리기후협정에 따라 지구 평균기온 상승 2도보다 상당히 낮은 수준(Well-Below 2도)으로 유지하고 1.5도 이하로 제한하자는 전 세계 공동 협약에 기여하기 위한 온실가스 감축 목표이다.

SBTi의 개념

SBTi는 '과학 기반 감축목표 이니셔티브(Science Based Targets initiative)'의 약자로, 기후변화 대응을 위한 온실가스 감축 목표를 과학적 근거에 따라 설정하도록 돕는 글로벌 캠페인이다. 이 목표는 지구 평균기온 상승을 산업화 이전 대비 1.5도 이하로 제한하자는 파리기후협정의 취지를 실현하기 위한 것이다. CDP, UN글로벌콤팩트(UNGC), 세계자원연구소(WRI), 세계자연기금(WWF) 등 4개 글로벌 기관의 협력으로 운영되고 있다.

출범배경

2015년 채택된 파리기후협정은 지구 평균기온 상승을 2도 이하로 제한하자고 제안하였다. 이후 2018년 발표된 IPCC(기후변화에 관한 정부 간 협의체) 1.5도 특별보고서는 1.5도 상승만으로도 인류와 생태계에 심각한 영향을 초래할 수 있다고 경고했다. 이에 따라 보다 구체적이고 과학 기반의 감축 목표 수립 필요성이 대두되었고, 그 결과로 SBTi가 등장하였다.

SBTi의 목표 설정 기준

단기 목표 (Near-term)	향후 5~10년 내에 1.5도 상승 경로에 부합하도록 온실가스를 감축해야 한다.
장기 목표 (Long-term)	2050년 이전까지 넷제로(Net-Zero)를 달성하기 위한 감축 목표를 설정해야 한다.
넷제로 목표 (Net-Zero)	Scope 1, 2, 3을 포함한 전체 온실가스 배출량을 2050년까지 90% 이상 감축하고, 나머지를 상쇄해야 한다.

SBTi의 승인 요건

SBTi로부터 감축 목표 승인을 받기 위해서는 다음 세 가지 기준을 따라야 한다.

1. GHG 프로토콜 기업 표준(GHG Protocol Corporate Standard)
   → 기업이 배출하는 온실가스를 정확하게 계산하고 분류하는 국제 표준이다. Scope 1, 2, 3으로 나누어 배출량을 측정한다.
2. Scope 2 지침(전력 사용에 따른 간접 배출)
   → 기업이 사용하는 전기·열·스팀 등의 에너지 사용으로 인해 발생하는 간접적인 온실가스를 측정하는 기준이다. 예를 들어, 공장에서 쓰는 전기는 외부에서 생산되기 때문에 Scope 2에 해당한다.

3. Scope 3 가치사슬 배출 회계 및 보고 기준

→ 원자재 구매, 물류, 제품 사용 및 폐기 등 기업의 공급망과 유통망에서 발생하는 배출량까지 포함한다. 기업 활동과 직접적으로 연결되진 않지만, 전체 배출량 중 큰 비중을 차지하므로 반드시 포함해야 한다.

이 세 가지 기준을 충실히 따라야만 SBTi에서 기업의 온실가스 감축 목표를 과학적 기반에 의한 것으로 인정해준다.

SBTi의 최근 동향

2021년 이후 SBTi는 'Net-Zero' 인증 기준을 강화하였다. 기존에는 Scope 1, 2만을 기준으로 하였으나, 최근에는 공급망(Scope 3)까지 포함한 전 범위 배출량의 90% 이상 감축을 요구하고 있다. 이에 따라, 현재 약 4,200개의 참여 기업 중 단 7개 기업만이 강화된 Net-Zero 기준에 부합하고 있는 것으로 나타났다. 또한, SBTi는 5~10년 이내의 단기 목표 설정도 의무화하고 있다.

SBTi는 2021년 발표된 Corporate Net-Zero Standard를 2024년 3월 v1.2로 소폭 개정하였으며, 현재는 v2.0 Draft가 공개되어, Scope 1·2·3 기준 강화, 탄소 제거(EAC) 지침 명확화, BVCM(공급망 외 완화) 등을 포함한 업데이트가 이뤄지고 있다. v2.0 초안에 따라 2025년 6월 16일부터 8월 15일까지 기업 대상 시험(pilot test)이 진행되었다.

SBTi 도입 효과

- **투자자 및 고객 신뢰 확보:** 감축 목표를 통해 이해관계자의 요구에 응답하고, 지속가능한 경쟁력을 높일 수 있다.
- **기술 및 경영 혁신 유도:** 새로운 감축 기술과 운영 방식 도입을 촉진한다.
- **규제 리스크 선제 대응:** 향후 기후 관련 규제에 유연하게 대처할 수 있다.

FLAG(농업, 임업 및 기타 토지 사용에 대한 배출 목표 가이던스)

2022년부터는 토지기반 산업(농업·임업 등)을 위한 별도 가이드라인인 FLAG(Forest, Land and Agriculture Guidance)가 운영되고 있다. 전 세계 온실가스의 약 22%가 농업, 산림, 토지 이용에서 발생한다. FLAG 가이던스는 토지 이용 변화(산림 파괴 등)와 토지 관리(비료, 사료, 가축 등)를 구분하여 목표를 설정하도록 한다.

SBTi는 배출량을 토지 사용 변경과 토지 관리의 두 가지 범주로 분류한다. 토지 사용 변경에는 새로운 목초지 또는 플랜테이션을 위해 산림과 초원을 개간하는 것이 포함된다(전 세계 배출량의 11%를 차지). 토지 관리에는 가축, 사료, 메탄, 분뇨, 비료 살포 및 유출수의 관리가 포함된다(트랙터와 기타 농장 및 임업 장비도 포함).

구분	내용
단기 목표	온실가스 감축을 위해 향후 5~10년 이내 1.5도 경로에 부합하는 FLAG 목표 설정 필요
장기 목표	2050년까지 배출량의 74% 이상 감축
삼림벌채 금지	2025년까지 산림 파괴 중단 목표 설정 필수
화석연료 배출 감축	FLAG 이외에도 Scope 1, 2, 3 전체에 대한 과학 기반 목표(SBTi) 병행 필요

SBTi는 단순한 선언이 아닌, 국제적으로 검증받는 감축 전략과 실행 계획을 요구한다. 따라서 참여 기업은 탄소중립 실현을 위한 '실질적 로드맵'을 마련하고 실행에 옮기는 것이 중요하다.

05

탄소배출권은 무엇인가요?

05

탄소배출권은 무엇인가요?

핵심요약

* 탄소배출권이란?

  정부가 온실가스를 배출하는 사업장을 대상으로 연단위 배출권을 할당하여 할당범위 내에서 배출행위를 할 수 있도록 하고, 할당된 사업장의 실질적 온실가스 배출량을 평가하여 여분 또는 부족분의 배출권에 대하여는 사업장간 거래를 허용하는 제도이다.

* 교토의정서 제17조에 규정되어 있는 온실가스 감축체제로, "저탄소 녹색성장기본법(2010년 1월)" 제46조에 의거하여 "온실가스 배출권 할당 및 거래에 관한 법률(2012년 5월)"이 제정되어 2015년 1월 1일부터 시행 중에 있다.

탄소배출권의 개념

탄소배출권은 정부가 기업에 이산화탄소(CO_2)를 배출할 수 있는 권리를 일정량 부여하고, 이 권리를 시장에서 사고팔 수 있도록 허용하는 제도이다. 온실가스를 줄이기 위해 '경제적 유인'을 부여하는 방식으로, 감축이 어려운 기업은 배출권을 사서 사용하고, 감축이 쉬운 기업은 감축분을 팔아 수익을 얻는다. 이렇게 온실가스를 시장에서 거래할 수 있도록 만든 제도를 '배출권 거래제(ETS: Emissions Trading System)'라고 한다.

ETS(Emissions Trading System)란?

ETS는 시장 기반의 탄소 감축 제도이다. 온실가스 배출을 하나의 비용(=가격)으로 환산하여, 기업들이 스스로 비용·효과를 따져 가장 효율적인 방법으로 탄소를 줄이게 한다. ETS의 핵심 구조는 다음과 같다.

1. 총량 설정(Cap): 정부가 국가 또는 산업 전체 배출량에 상한을 설정한다.
2. 배출권 할당(Allocate): 각 기업에게 일정량의 배출권을 부여한다.
3. 거래(Trade): 배출권이 남거나 부족한 기업 간에 사고팔 수 있다.
4. 검증 및 정산: 매년 말 실적을 보고하고, 초과 시 벌금 부과한다.

대부분 ETS는 Cap-and-Trade 방식(총량 설정 후 거래 허용)이며, 일부는 Baseline-and-Credit 방식(기준선보다 적게 배출하면 크레딧 제공)이다.

한국의 탄소배출권 거래제(K-ETS)

한국은 2015년 1월 1일부터 배출권 거래제를 시행하여, 현재 제3차 계획기간(2021-2025)에 있다. 이 제도는 「저탄소 녹색성장 기본법」과 「온실가스 배출권의 할당 및 거래에 관한 법률」에 근거하여 운영되고 있다.

구분	주요 내용
적용 대상	• 연간 CO_2 25,000톤 이상 배출 사업장 • 자발적으로 ETS 참여를 신청한 기업도 가능
관리 가스	이산화탄소(CO_2), 메탄(CH_4), 아산화질소(N_2O), 수소불화탄소(HFCs), 과불화탄소(PFCs), 육불화황(SF_6) 등 6종
할당 방식	과거 배출량 기준(Grandfathering, GF), 배출효율 기준(Benchmarking, BM)

구분	주요 내용
1차~3차 계획기간	• 1차 계획기간 (2015-2017): 100% 무상 할당 • 2차 계획기간 (2018-2020): 유상 할당 비율 3% 도입 • 3차 계획기간 (2021-2025): 유상 할당 비율 10%로 확대 • 할당방식은 과거 배출량 기준(GF) 또는 배출효율 기준(BM)
이행 수단	녹색프리미엄, REC 구매, PPA 체결 등

탄소배출권은 왜 중요할까?

- **온실가스 감축 수단**: 기업들은 감축 목표를 달성하기 위해 직접 배출량을 줄이거나 배출권을 구매해야 한다.
- **시장 중심 감축 유도**: 비용이 낮은 기업은 더 감축하고, 비용이 높은 기업은 구매하는 방식으로 경제적 효율성을 도모한다.
- **국제 경쟁력 대응**: EU의 탄소국경조정제도(CBAM), 미국의 청정에너지법 등 글로벌 규제가 강화됨에 따라 탄소 비용이 무역에 영향을 미치기 시작했다.

ETS와 탄소국경조정제도(CBAM)

탄소국경조정제도(Carbon Border Adjustment Mechanism, CBAM)는 EU가 수입 제품에 탄소세를 부과하는 제도이다. 탄소를 많이 배출한 제품은 더 많은 비용을 내야 한다는 원칙에 따라, 자국 생산자와의 공정 경쟁을 보장하고 탄소 누출을 막기 위해 도입되었다. CBAM의 주요 내용은 다음과 같다.

- 2026년부터 철강, 시멘트, 알루미늄, 비료, 전기, 수소 수입품에 대해 적용

- EU로 수출하는 기업은 생산 과정에서의 탄소배출량을 신고하고, 탄소비용을 납부해야 함.
- EU ETS에 따른 배출권 비용 European Union Allowance(EUA) 가격을 기준으로 세금 수준이 결정됨.
- 수출 중심 국가인 한국에 큰 영향을 줄 수 있으며, 국내 기업도 배출권 가격과 감축 실적 관리가 필수

탄소배출권도 투자 대상이 될 수 있을까?

요즘은 주식이나 부동산뿐 아니라, 탄소배출권도 투자 상품으로 주목받고 있다. 특히, 유럽과 미국의 지역 ETS에서는 탄소배출권이 금융 파생상품[1]으로 활발히 거래되고 있다. 탄소배출권이 투자 대상이 될 수 있는 것은 우선, 수요와 공급에 따라 가격이 오르내리기 때문이다. 온실가스 감축이 강화될수록 배출권 수요는 늘고, 공급은 줄어든다. 이때 가격 상승 가능성이 높아진다. 둘째, 기후변화 대응이 전 세계적 흐름이기 때문이다. 탄소감축은 피할 수 없는 과제이므로, 장기적으로는 가격이 계속 오를 수 있다. 마지막으로, 금융상품처럼 사고팔 수 있는 구조를 보유하고 있기 때문이다. 배출권은 'CO_2 1톤을 배출할 수 있는 권리'인데, 디지털 자산처럼 자유롭게 거래가 가능하다. 탄소배출권은 주로 파생상품 형태로 거래된다. 파생상품이란, 기초 자산(예: 배출권)의 미래 가격을 미리 정해놓고 거래하는 상품이다.

---

1 파생상품(derivatives)이란 주식·채권·통화 등 기초자산(underlying asset)의 가치 변동에 따라 그 가격이 결정되는 상품으로, 선물(futures)·옵션(option)·주식워런트증권(ELW)·주가연계증권(ELS)·주가지수연계펀드(ELF)·FX마진거래(외환차익거래) 등 여러 가지가 있다. 탄소배출권 관련 파생상품은 각 기업들의 배출권 과부족을 거래하는 현물거래가 파생상품으로 발전되었으며, 배출권 관련 파생상품의 유형은 크게 선물거래와 옵션거래로 구분된다. 배출권 관련 파생상품으로는 ECX CFI(Carbon Financial Instruments) 선물 옵션과 미국 NYMEX의 이산화황 배기가스 선물이 대표적이며, ECX-CFI는 ECX-배출지수(ECX-emission-Index)를 기초자산으로 한다.

상품 종류	설명
선물 (Futures)	'앞으로 3개월 뒤, 배출권을 얼마에 사겠다'는 계약을 지금 맺는 것
상장지수펀드 (Exchange Traded Fund, ETF)	여러 배출권이나 배출권 선물에 분산 투자할 수 있는 상품 주식처럼 쉽게 거래 가능
상장지수채권 (Exchange Traded Note, ETN)	배출권 가격 지수를 따라가는 채권형 상품 ETF와 유사
옵션 (Options)	'어떤 가격에 살 수 있는 권리'만을 사고파는 계약 좀 더 고급 투자 전략에 사용됨.

실제로 판매되는 상품 중에 대표적인 것은 KraneShares Global Carbon ETF(KRBN)로, 유럽(EUA), 미국(RGGI, WCI) 등의 배출권 선물에 투자하며, 미국 나스닥(Nasdaq)에 상장되어 있다. 2023년 한 해 동안 수익률을 +40% 이상 기록하였다. 국내 시장에서는 타이거 탄소배출권선물 KODEX EU 탄소배출권선물 등이 있으며, 아직 유럽보다 규모는 작지만, ESG 투자 확대와 함께 성장하고 있다.

물론, 투자의 개념을 적용한다면 유의해야 할 부분도 존재한다. 우선, 가격 변동성이다. 규제, 경기, 정치 이슈에 따라 가격이 크게 흔들릴 수 있다. 둘째, 정보의 비대칭성이 존재한다. 전문적 지식의 부족으로 인해 예측력이 떨어질 수 있다. 마지막으로, 만기 및 환율 리스크가 존재한다. 선물 상품은 만기 이후 수익률이 바뀌고, 해외 상품은 환율 영향도 받는다.

6

규제적 탄소시장(CCM)은 무엇인가요?

06

규제적 탄소시장(CCM)은 무엇인가요?

핵심요약

* 규제적 탄소시장(CCM, Compliance Carbon Market)이란?
정부에서 발행하고 교부한 탄소배출권을 기업끼리 사고 파는 시장이다. 특정 국가 내의 시장 참여자들 간에만 거래가 가능하며, 가격 및 거래량 시장 상황에 따라 널뛰는 특성이 존재한다.

규제적 탄소시장의 개념

규제적 탄소시장(Compliance Carbon Market, CCM)은 정부가 기업에게 온실가스 감축 의무를 부여하고, 해당 기업들 간에 탄소배출권을 사고팔 수 있도록 설계된 시장이다. 이 시장은 주로 온실가스를 많이 배출하는 발전, 제조, 건설업종의 기업들이 중심이 된다.

이 시장은 '총량거래제(Cap and Trade)' 방식에 따라 운영된다. 정부는 전체 배출 가능량에 한도(cap)를 설정하고, 기업별로 배출 허용량을 할당한다. 이후 실제 배출량이 할당량보다 적은 기업은 잉여 배출권을 다른 기업에 판매할 수 있고, 초과한 기업은 부족분을 구매해야 한다. 이 과정에서 배출권이 거래되고, 시장 가격이 형성된다.

규제적 탄소시장 특징

- **정부 주도형 폐쇄 시장:** 교토의정서를 기반으로 각국 정부가 주도하며, 대부분 국가 내 기업들만 거래에 참여할 수 있다.
- **참여 주체의 제한성:** 감축 의무가 부여된 기업만 참여할 수 있어, 비의무기업, 금융기관, NGO 등은 시장 참여가 원천적으로 어렵다.
- **거래량 및 유동성 부족:** 특히 한국의 K-ETS는 공급 부족 문제와 유동성 부족으로 인해 시장 조성이 미흡한 상태이다.

글로벌 규제 시장: EU ETS 중심

EU는 2005년 세계 최초의 국제 배출권 거래제(EU ETS)를 도입하였다. 이 제도는 현재 글로벌 탄소시장 거래량의 약 90%를 차지하는 세계 최대 규모의 규제 시장이다. EU는 지속적으로 배출 허용량을 축소하며, 2030년까지 1990년 대비 최소 55% 감축, 2050년까지 탄소중립(Net-Zero)을 목표로 한다. EU-ETS 배출권 가격은 2011년 12.5유로에서, 2013년 4.3유로, 2018년 9.7유로, 2021년 말 89.3유로, 2023년 평균 약 100유로로 상승세를 유지하고 있다.

국내 시장: K-ETS의 현황과 과제

한국은 2015년 배출권거래제(K-ETS)를 도입하였다. 그러나 다음과 같은 구조적 문제로 인해 거래가 활성화되지 못하고 있다. 2020년 기준 거래량은 전체 배출한도의 3.7% 수준에 불과하며, 배출권 가격은 평균 2만~3만 원대로, 감축에 필요한 기술·설비 투자 비용(4.4만 원/톤)보다 낮아 감축 유인이 낮은 것이 그 원인이다. 시장 참여 증권사는 2022년부터 기존 3곳에서 20곳으로 확대되어 일부 유동성 개선을 기대할 수 있다. 다만, 앞서 언급한 탄소국경세(CBAM)가 규제적 탄소시장을 기반으로 수출 기업의 간접 규제 요인이 되고 있는데, 배출권 가격이 높아진 국가의 수출 기업은 더 많은 CBAM 비용을 지불해야 하므로, 국내 기업도 탄소 감축 및 K-ETS 시장 활용 전략이 필수적일 수밖에 없다.

7

자발적 탄소시장(VCM)은 무엇인가요?

07 자발적 탄소시장(VCM)은 무엇인가요?

핵심요약

* 자발적 탄소시장(VCM, Voluntary Carbon Market)이란?
법적 규제와 무관하게 민간에서 자발적으로 온실가스 감축 활동을 수행해 얻은 탄소배출권을 거래하는 시장을 의미한다. 숲 조성이나 신재생 발전 같은 다양한 탄소 감축 활동을 자발적으로 한 경우, 탄소 배출권 획득 및 거래가 가능하다.

자발적 탄소시장의 개념

자발적 탄소시장은 법적 의무와는 무관하게, 기업, NGO, 정부기관, 개인 등이 스스로 온실가스를 줄이고, 그 감축분을 탄소배출권(크레딧)으로 발행하여 거래하는 시장으로, 나무를 심거나, 신재생에너지 프로젝트(예: 풍력, 태양광), 메탄 저감 활동 등을 통해 감축한 온실가스를 인증받아 배출권으로 거래할 수 있다. 이렇게 발행된 배출권은 국제 인증기관의 기준에 따라 '탄소 크레딧(Carbon Credit)'으로 등록되며, 탄소중립 목표를 가진 글로벌 기업들이 이를 구매한다.

자발적 탄소시장의 필요성과 차별성

구분	규제적 탄소시장(CCM)	자발적 탄소시장(VCM)
의무 여부	정부 규제 기반 (감축 의무 기업 대상)	민간 자율 기반 (기업, 개인 등 누구나 참여 가능)
주요 참여자	발전, 운송, 건설 등 대형 온실가스 배출 기업	ESG경영 기업, 글로벌 소비재 기업, 금융사 등
거래 방식	배출 한도를 초과하면 구매, 잉여 시 판매	탄소 감축 프로젝트 수행 후 크레딧 발행 및 판매
목적	법적 감축 목표 이행	ESG 평가, 탄소중립 선언, 이미지 개선 등
유연성	제한적	높음 (다양한 프로젝트, 다양한 인증 기준)

시장 규모 및 성장 전망

- **2021년 기준 시장 규모:** 약 20억 달러
- **2030년 예상 규모:** 약 500억 달러 이상
  (탄소 크레딧 5억 톤 × 톤당 100달러 가정)
- **주요 성장 요인:**
  - 글로벌 대기업들의 탄소중립(Net-Zero) 선언
  - 공급 유연성: 프로젝트 수 증가에 따라 발행 크레딧 확대 가능
  - 거래 인프라 및 국제 표준 정립 추진

자발적 탄소시장의 글로벌 인프라 및 사례

자발적 탄소시장은 세계 여러 나라와 기관들이 참여해 활발하게 운영되고 있다. 이 시장에서는 온실가스를 줄인 기업이나 단체가 '탄소 크레딧'을 만들어 팔고, 이를 필요로 하는 다른 기업이 사서 탄소중립을 달성하는 데 활용한다. 국제 제도와 거래 플랫폼은 다음과 같다.

TSVCM (Taskforce on Scaling Voluntary Carbon Markets)

- 전 세계 자발적 탄소시장을 잘 굴러가게 만들기 위해 만든 조직
- UN, 세계 주요 은행(SC은행 등), 국제금융협회(IIF) 등이 모여 어떤 프로젝트가 탄소 크레딧을 받을 자격이 있는지, 거래는 어떻게 해야 하는지 등 표준과 규칙을 정하고 있음.

카본플레이스 (Carbonplace)

- 은행들이 만든 탄소 배출권 결제·거래 플랫폼으로, 캐나다의 CIBC, 브라질의 이따우은행, 영국의 NatWest 등이 참여함.
- 쉽게 말해, '탄소배출권의 페이팔' 또는 '카카오페이'처럼, 서로 다른 기업들이 배출권을 빠르고 안전하게 사고팔 수 있도록 돕는 디지털 시스템

CIX (Climate Impact X)

- 싱가포르 정부와 은행들(DBS, 스탠다드차타드, 테마섹 등)이 만들고 있는 탄소 배출권 전용 거래소
- '증권거래소처럼' 탄소배출권을 거래할 수 있는 곳과, 프로젝트 생산자가 직접 크레딧을 소개하고 판매할 수 있는 온라인 장터(마켓플레이스) 두 가지 기능을 갖춤.

자발적 탄소시장에서는 단순히 '정부가 준 배출권'을 거래하는 것이 아니라, 직접 감축 활동을 한 실적을 인증받아 크레딧(배출권)을 만드는 방식이 중요하다. CDM(청정개발체제, Clean Development Mechanism)은 국제적으로 잘 알려진 방식으로, 예를 들어, 선진국 기업이 브라질이나 인도 같은 개발도상국에서 태양광, 풍력 등 친환경 발전소를 짓고, 그로 인해 줄인 온실가스 양만큼 '탄소 크레딧'을 발행할 수 있으며, 이 크레딧은 선진국이 자국의 탄소 감축 실적으로 활용할 수 있다.

탄소 크레딧을 인증해주는 기관이 매우 중요한데, 주요 인증기관은 다음과 같다. 이 기관들은 감축 프로젝트가 정말 온실가스를 줄였는지 까다롭게 평가하고, 품질을 인증한다.

기관명	설명
Verra	세계에서 가장 널리 쓰이는 인증기관으로, VCS(Verified Carbon Standard)를 운영함.
Gold Standard	환경단체 WWF가 설립, 사회적·환경적 효과까지 평가하여 고품질 배출권 발행

자발적 탄소시장은 규제가 아닌 민간의 자율적인 감축 노력으로 움직이는 시장이므로, 감축 활동 → 인증 → 배출권 발행 → 플랫폼을 통한 거래라는 과정을 거친다. 이 시장은 앞으로도 더 커질 예정이며, 기업들이 ESG 경영을 강화하고, 투자자들의 신뢰를 얻기 위한 중요한 수단이 되고 있다.

08

자발적 탄소시장에서 탄소배출권의 역할

08 자발적 탄소시장에서 탄소배출권의 역할

핵심요약

* 자발적 탄소시장(VCM)에서 거래되는 탄소배출권이 실제로 탄소 감축에 기여하려면 몇 가지 중요한 기준을 충족해야 한다. 이 기준들은 배출권의 신뢰성과 실효성을 보장하는 요소로, 특히 부가성(additionality), 영구성(permanence), 중복성(double counting) 등의 원칙이 핵심이다.

부가성 (Additionality)

부가성은, 거래되는 배출권이 단지 이미 진행되고 있는 프로젝트의 결과가 아니라, 새롭게 추가된 감축 활동에서 나온 배출권이어야 한다는 원칙이다. 예를 들어, 기업이 이미 설치한 풍력발전소에서 발생하는 배출권을 거래하는 것은 부가성이 없다. 하지만 새로 건설된 풍력발전소에서 감축된 온실가스는 부가성 있는 배출권으로 간주된다.

영구성 (Permanence)

영구성은 감축된 온실가스가 오랫동안 대기 중에 남아 있어야 한다는 원칙이다. 즉, 감축된 탄소가 다시 대기 중으로 방출되지 않도록 보장해야 한다. 예를 들어, 탄소 배출을 줄이기 위해 나무를 심는 프로젝트는 그 나무들이 수십 년간 살아남아 탄소를 계속 저장해야 하며, 산불 등 자연재해로 인해 탄소가 다시 방출되는 일이 없도록 관리해야 한다.

중복성 (Double Counting)

중복성은 동일한 탄소 감축 결과가 두 번 이상 거래되지 않도록 하는 원칙이다. 즉, 동일한 프로젝트에서 나온 배출권이 두 개 이상의 거래에서 사용되지 않도록 해야 한다. 이를 방지하기 위해, 자발적 시장에서는 거래된 배출권에 대한 정확한 추적과 기록이 중요하다.

다보스 포럼의 6개 주제와 20가지 권고사항

2021년 1월, 다보스 포럼에서는 탄소시장의 미래와 표준화에 대한 논의를 진행하며 6개 주요 주제와 20개의 권고사항을 발표하였다. 이는 자발적 탄소시장을 보다 투명하고 신뢰할 수 있는 방향으로 이끌기 위한 노력이다.

| 6개 주요 주제

- 핵심 탄소원칙(CCPs, Core Carbon Principles) 및 택소노미 - 탄소 크레딧 품질 보증
- 핵심 탄소 참조 계약 - 가격 리스크 방지 위한 높은 유동성 확보
- 인프라(거래, 후거래, 파이낸싱, 데이터) - 규모화된 금융 가치사슬
- 오프셋(상쇄분) 합법성에 관한 동의 - 모든 시장 참여
- 마켓 통합 보증(assurance) - 시장 효율성, 투명성 강화 절차
- 수요 - 산업계 전반의 수요 및 명확한 오프셋 사용 가이던스

| 20개 권고 사항 중 주요 내용

- 핵심 탄소원칙
- 거버넌스
- 법적 정당성

국제 기준: 핵심 탄소 원칙 (Core Carbon Principles, CCP)

Integrity Council for the Voluntary Carbon Market(ICVCM)은 자발적 탄소시장의 신뢰성을 높이기 위해 2024년 5월, Core Carbon Principles (CCPs)의 최신 버전을 발표하였다. 이 기준은 배출권이 고품질임을 보장하기 위한 10가지 핵심 원칙을 포함하고 있다. 이 원칙들은 배출권이 실제로 환경에 긍정적인 영향을 미치고, 효율적으로 감축 목표를 달성하는 데 기여할 수 있도록 한다.

원칙	정의	예시	중요성
부가성 (Additionality)	거래된 배출권이 추가적인 감축 활동에서 발생해야 한다는 원칙	기존 풍력 발전소에서 발생한 배출권은 부가성이 없고, 새로 설치된 풍력 발전소에서 발생한 배출권은 부가성이 있음.	실질적·추가적인 감축이 이루어졌는지 확인하는 중요한 기준
영구성 (Permanence)	감축된 온실가스가 장기적으로 유지되어야 한다는 원칙	숲 보호 프로젝트에서 나무가 계속 이산화탄소를 흡수하는 활동	탄소가 계속 저장되고 방출되지 않도록 보장하는 것이 중요
정확한 배출량 산정 (Robust Quantification)	감축된 온실가스의 양을 정확하게 계산해야 한다는 원칙	나무 심기 프로젝트에서 몇 그루의 나무가 얼마나 많은 이산화탄소를 흡수하는지 정확히 계산	정확한 배출량 산정은 실제 감축 효과를 확인하고 신뢰할 수 있는 데이터를 제공

원칙	정의	예시	중요성
중복성 방지 (No Double Counting)	동일한 탄소 감축이 두 번 이상 거래되지 않도록 해야 한다는 원칙.	한 기업이 이미 자사의 감축 활동으로 배출권을 거래한 경우, 다른 기업이 같은 활동에 대해 배출권을 거래할 수 없음.	중복 거래 방지를 통해 투명한 거래와 신뢰성 보장이 중요
독립적인 검증 (Independent Third-Party Validation)	배출권 거래 전에 제3자가 독립적으로 검증해야 한다는 원칙	탄소 배출 감축 프로젝트가 실제로 감축을 이루었는지 제3의 독립된 기관이 검토하고 검증	제3자 검증을 통해 프로젝트의 실효성과 합법성을 보장할 수 있음.
지속가능한 개발 (Sustainable Development Benefits)	탄소 감축 활동이 사회적·경제적·환경적으로 긍정적인 영향을 미쳐야 한다는 원칙	나무 심기 프로젝트는 일자리 창출이나 생물 다양성 향상에도 기여해야 함.	지속가능한 발전 목표를 함께 달성하는 것이 중요
투명한 정보 공개 (Transparent Information Disclosure)	프로젝트의 모든 과정과 결과를 투명하게 공개해야 한다는 원칙	프로젝트의 탄소 감축량, 방법론, 검증 결과 등을 모두 공개하여 누구나 쉽게 검토할 수 있어야 함.	투명한 정보 공개는 시장 참여자들의 신뢰를 얻기 위한 필수 조건
강력한 프로그램 거버넌스 (Effective Program Governance)	자발적 탄소시장의 운영이 효율적이고 신뢰성 있게 이루어지도록 관리해야 한다는 원칙	탄소 배출권 프로젝트의 모니터링, 검증, 인증을 관리하는 독립적이고 신뢰할 수 있는 기관 필요	효율성과 투명성을 높이고, 불법적인 거래를 방지할 수 있음.
등록 시스템 (Registry)	모든 배출권의 발행, 거래, 이전 내역을 추적하고 기록할 수 있는 시스템 필요	배출권이 발행된 후, 이를 거래하거나 이전할 때마다 디지털 시스템에 기록되어 실시간으로 추적 가능	정확한 추적을 통해 배출권의 중복 사용을 방지하고 거래의 투명성을 보장

원칙	정의	예시	중요성
넷 제로 전환 기여 (Contribution to Net-Zero Transition)	자발적 탄소시장에서의 배출권 거래가 넷 제로(Net-Zero) 목표 달성에 기여해야 한다는 원칙	기업이 탄소 배출을 줄이는 활동을 통해 탄소배출권을 구매하고, 이를 통해 국가나 글로벌 차원의 탄소중립 목표를 달성	배출권 거래가 법적 요구사항을 넘어서, 탄소중립 목표 달성에 기여해야 함.

이러한 원칙들은 자발적 탄소시장에서 거래되는 배출권이 실제로 탄소 감축에 기여하고, 환경과 사회에 긍정적인 영향을 미치도록 보장한다.

09

유엔기후변화협약(UNFCCC)이란 무엇인가요?

09 유엔기후변화협약(UNFCCC)이란 무엇인가요?

핵심요약

* 유엔기후변화협약(UNFCCC, United Nations Framework Convention Climate Change)은 이산화탄소를 비롯한 온실가스의 방출을 제한해 지구 온난화를 방지하기 위해 세계 각국이 동의한 협약이다.

유엔기후변화협약(UNFCCC) 설립배경과 목적

기후변화의 주요 원인인 온실가스 배출을 억제하고, 지구온난화를 방지하기 위해 전 세계 국가들이 함께 노력하기로 한 국제 협약이다. 1992년 6월 브라질 리우 유엔환경개발회의(UNCED)에서 154개 당사국에 의해 공식 채택되어 1994년 3월 21일 발효되었다.

IPCC 제1차 평가보고서(1990년)에서 인간의 활동이 기후변화의 주요 원인이라는 과학적 근거가 제시되면서 논의가 이뤄졌으며, 본 협약은 지구 생태계가 자연적으로 적응하고, 식량생산이 위협받지 않으며, 지속가능한 경제 성장을 달성할 수 있도록 온신가스 농도를 안정화하는 것에 그 목표가 있다.

전 세계의 198개국(2023년 기준)인, 즉 거의 모든 유엔 회원국이 가입하고 있으며, 대한민국은 1993년 12월에 47번째로 가입하였다.

UNFCCC의 구성과 운영체계

최고 의사결정기구로 당사국총회(Conference of the Parties, COP)를 두며, 협약의 이행과 논의는 당사국 합의로 결정한다. 당사국총회의 의사결정 지원을 위해 과학기술자문부속기구(Subsidiary Body for Scientific and Technological Advice, SBSTA), 이행부속기구(Subsidiary Body for Implementation, SBI)를 설치 및 운영하고 있다.

당사국총회(COP)는 기후변화협약관련 최종 의사결정기구로서 협약의 진행을 전반적으로 검토하기 위해 연 1회 모이고 있다.

과학기술자문부속기구(SBSTA)는 협약이행과 관련된 과학적·기술적 자문을 당사국회의나 보조기구에 제공한다.

이행자문 보조기구(SBI)는 국가보고서 제출, 제정/기술 지원방안 등 협약의 이행과 관련한 문제에 관한 권고안을 만들어 당사국총회 또는 요청이 있을 경우 다른 부속기구에 제출하는 역할을 수행한다.

1998년 세계기상기구(World Meteorological Organization, WMO)와 유엔환경계획(United Nations Environment Program, UNEP)에 의해 설립된 기후변화에 관한 정부 간 협의체(Intergovernment Panel on Climate Change, IPCC)는 기후변화에 관련된 과학·기술적 사실에 대한 평가를 제공한다. 세계기상기구는 기상관측 또는 기타 지구물리학적 관측을 위한 범세계적인 협력관

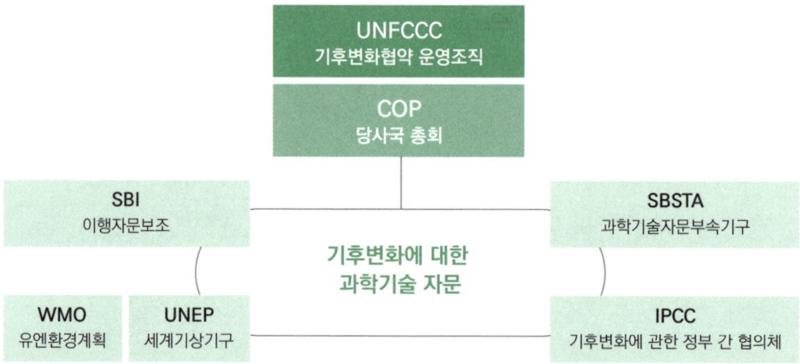

계를 도모하며, 유엔환경계획은 UN내의 환경전담 국제정부 간 기구로 UN조직 내의 환경활동을 촉진, 조정, 활성화하기 위해 설립되었다.

UNFCCC의 핵심 원칙

UNFCCC는 다음과 같은 원칙을 바탕으로 운영된다.

- **공통의 그러나 차별화된 책임**(Common But Differentiated Responsibilities, CBDR): 선진국과 개발도상국의 역사적 책임과 능력 차이를 인정
- **형평성과 지속가능성**: 환경 보호와 경제 발전의 균형
- **과학적 근거에 기반한 정책 결정**: IPCC 보고서를 기반으로 한 합의 형성
- **개방성과 투명성**: 국가 보고서 제출 및 감축 진행사항 공개

파리협정과 UNFCCC의 관계

파리협정(2015, COP21)은 UNFCCC 체제 내에서 채택된 후속 협정이다. 모든 당사국이 각국의 상황에 맞춘 감축목표(Nationally Determined Contribution, NDC)를 설정하고, 5년마다 갱신하도록 요구한다. UNFCCC는 파리협정의 법적·제도적 토대 역할을 하며, 파리협정 이행과 관련된 주요 논의는 모두 COP에서 계속되고 있다.

한국의 활동

- 1993년 UNFCCC 가입 이후, COP 및 기술자문기구에 지속 참여
- 2015년 NDC로 2030년까지 BAU 대비 37% 감축 목표 제시
- 2021년에는 2018년 대비 40% 감축 상향안 제출
- 녹색기후기금 유치 및 재원 기여 확대 (1억 달러 → 2억 달러)

10

유엔기후변화협약 당사국총회(COP)는 무엇인가요?

10 유엔기후변화협약 당사국총회(COP)는 무엇인가요?

핵심요약

* COP이란?

Conference of the Parties의 약자로, 유엔기후변화협약(UNFCCC)에 따라 매년 개최되는 회의이다. 기후변화 문제를 해결하기 위한 국제적인 협의체로서, 각국 정부와 국제기구, 민간 기업, 학계 및 시민단체 등 다양한 이해관계자들이 모여 기후변화 완화를 위한 노력을 논의하고 구체적인 조치를 취한다.

유엔기후변화협약 당사국총회(COP) 개념

유엔기후변화협약(UNFCCC)은 1992년 리우회의에서 채택되어 1994년 발효되었으며, 온실가스의 배출을 줄여 지구온난화를 방지하는 것을 목적으로 한다. COP는 이 협약에 따라 기후변화 협약의 이행 상황을 점검하고, 각국의 감축 목표(NDC)를 검토하며, 추가적인 감축 조치와 재정적 지원 등을 논의하는 중요한 의사결정 기구다. COP는 유엔기후변화협약의 최고 의사결정기구로서 매년 한 번씩 열리며, 이를 통해 전 세계적인 기후정책 방향을 제시한다.

COP의 역할과 의미

■ **기후변화 대응의 글로벌 플랫폼:** COP는 기후변화 대응을 위한 국

제적인 플랫폼으로, 세계 각국의 정부가 자국의 기후정책을 공유하고, 공동의 목표를 설정하며, 각국의 기후변화 대응을 점검하고 협력할 수 있는 기회를 제공한다.

- **협약 이행 점검:** 각국은 자국의 기후행동계획(NDC)을 제출하고, 이를 실행하기 위한 구체적인 조치를 COP에서 검토하며, 이행 상황을 점검한다.
- **협약과 정책을 구체화하는 역할:** COP은 단지 정책을 논의하는 데 그치지 않고, 실질적인 기후 정책을 제정하고, 기후 재정, 기술 지원, 그리고 기후변화 완화 및 적응을 위한 실효성 있는 조치를 도출하는 기구이다.

주요 COP 회의

회의명	장소	핵심 성과
COP21 (2015)	프랑스 파리	파리협정(Paris Agreement) 채택, 1.5도 목표 설정, 기후 재원 및 배출권 거래 시스템 마련
COP26 (2021)	영국 글래스고	NDC 강화, 2050 탄소중립 목표 달성을 위한 구체적 계획 수립, 석탄 단계적 퇴출 및 탄소가격 도입, 기후 재정 기여 확대
COP27 (2022)	이집트 샤름엘셰이크	손실 및 피해 기후 재원(Loss and Damage) 마련, 재정 지원 및 피해 보상 시스템 논의, 저개발국을 위한 지원 방안 마련
COP28 (2023)	아랍에미리트 두바이	첫 번째 글로벌 스톡테이크 진행, 국가적 감축목표(NDC) 강화를 위한 규정 설정, 탄소배출량 감축 및 재정적 지원 논의, 화석연료 축소 및 재생에너지 확대 협력
COP29 (2024)	아제르바이잔 바쿠	신규 기후 재정 목표(NCQG) 설정, 손실 및 피해 기후 재원 운영 개시, 국제 탄소 거래 체계 구축, 국가적 감축목표(NDC) 제출 촉구, 기후 재정 확대 로드맵 채택

11

교토의정서란 무엇인가요?

11

교토의정서란 무엇인가요?

핵심요약

* 교토의정서란?

지구 온난화 방지를 위한 국제 협약인 기후변화협약의 수정안으로, 온실가스 감축 의무를 규정한 국제 협약이다. 1997년 일본 교토에서 열린 기후변화협약 제3차 당사국 총회에서 채택되었으며, 2005년에 발효되었다.

교토의정서 등장 배경: UNFCCC(유엔기후변화협약)의 한계 보완

1992년, 브라질 리우에서 개최된 지구환경회의에서 기후변화에 대한 국제적 협력이 필요하다는 인식하에 UNFCCC가 채택되었다. 1994년 3월 발효된 이 협약은 모든 국가의 자발적인 감축 노력을 유도하되, 법적 구속력이 없는 선언적 조약이었다. 당사국들은 각국이 처한 경제 상황에 따라 온실가스 감축 목표를 자율적으로 설정하도록 하며, 주기적인 국가보고서 제출 등의 공통 의무만을 부과했다.

따라서, UNFCCC는 구조적 한계를 가질 수밖에 없었고, 그에 따라 선진국의 법적 감축 의무 부재, 개도국의 실질적 참여 부족 등의 문제가 있었다. 결과적으로 온실가스 배출은 계속 증가했고, 국제사회는 보다 강력한 체계 마련을 요구했다. 이러한 배경 속에서, UNFCCC 체제의 실행력을 확보하기 위해 '이행 규칙'을 담은 구속력 있는 의정서, 즉 교토의정서(Kyoto Protocol)가 등장하게 되었다.

교토의정서는 1997년 일본 교토에서 열린 제3차 UNFCCC 당사국총회(COP3)에서 채택되어 2005년 2월에 발효되었으며, 1차 감축공약기간은 2008~2012년이었다. 선진국(Annex I 국가)에게 법적 구속력을 가진 온실가스 감축 목표를 부여하는 것이 주요 내용이다.

기후변화협약이 전 세계 국가들이 지구 기후변화 방지를 위한 노력을 하겠다는 것이었다면, 이를 이행하기 위하여 누가, 얼마 만큼, 어떻게 줄이는가에 대한 문제를 결정한 것이 교토의정서라고 볼 수 있다. 교토의정서는 1998년 3월 16일부터 1999년 3월 15일까지 뉴욕의 유엔본부에서 서명을 받아 채택되었고, 그 이후 각 협약 당사국들은 의정서가 발효될 수 있도록 자국의 비준을 위해 노력하였다. 강제성이 없는 기후변화협약상의 감축 의무만으로는 지구 온난화 방지가 불충분함을 인식하였기에 선진국들이 법적으로 의무를 지는 배출량 감축을 주요 내용으로 하였다.

하지만, 2001년 3월 최대 온실가스 배출국인 미국이 의정서가 자국의 경제에 심각한 피해를 줄 수 있고 중국, 인도 등 개발 도상국들이 의무감축 대상에서 제외되어 있다는 이유를 내세워 반대 입장을 표명하였다. 이에 교토의정서는 그 실효성에 큰 타격을 입었지만, EU와 일본 등이 중심이 되어 협상을 지속하였고 마침내 2004년 11월 러시아가 비준서를 제출함에 따라 교토의정서의 발효조건이 충족되어 정해진 규정(의정서 25조)에 의해 2005년 2월 교토의정서가 발효되었다.

교토의정서의 핵심 내용

교토의정서는 첫째, 선진국(Annex I)의 구속력 있는 감축 목표를 설정(제3조)하였다. 둘째, 공동이행, 청정개발체제, 배출권거래제 등 시장원리에 입각한 새로운 온실가스 감축수단을 도입(제6조, 12조, 17조)하였다. 셋째, 국가 간 연합을 통한 공동 감축목표 달성(제4조) 등을 허용하였다.

감축 목표와 범위

의정서에 따르면 기후변화협약 Annex I 국가들은 2008~2012년 기간 중 자국 내 온실가스 배출 총량을 1990년대 수준대비 평균 5.2% 감축하여야 하며 그 세부사항은 다음과 같다.

- **대상 국가:** 38개국(협약 Annex I 국가 40개국 중 '97년 당시 협약에 가입하지 않은 터키, 벨라루스 제외)
- **대상 기간:** 2008년 ~ 2012년
- **감축 목표율:** 1990년 배출량 대비 평균 5.2% 감축(각국의 경제적 여건에 따라 -8 ~ +10%까지 차별화된 감축량 규정)
- 선진국(Annex I 국가)은 2008~2012년 중 전체의 배출총량을 1990년 수준보다 최소 5% 감축하되, 각국의 경제적 여건에 따라 -8%에서 +10%까지 차별화하여 감축량을 규정
- **감축대상 온실가스:** CO2, CH4, N2O, HFCs, PFCs, SF6(6개 종류)

| 선진국의 감축목표 및 실제 감축비율[1]

(단위: 백만TC[1)])

<table>
<tr><th colspan="2"></th><th>1990년</th><th>2010년</th><th>배출 한도량</th><th>감축 필요량</th><th>감축목표 (1990년 대비)</th><th>실제 감축비율 (2010년 대비)</th></tr>
<tr><td colspan="2">전체</td><td>4,408</td><td>5,200</td><td>4,182</td><td>1,018</td><td>-5.2%</td><td>-20%</td></tr>
<tr><td rowspan="9">Annex I (시장경제 전환국 제외)</td><td>미국[2)]</td><td>1,333</td><td>1,944</td><td>1,240</td><td>704</td><td>-7%</td><td>-36%</td></tr>
<tr><td>캐나다</td><td>156</td><td>182</td><td>147</td><td>36</td><td>-6%</td><td>-20%</td></tr>
<tr><td>일본</td><td>308</td><td>388</td><td>290</td><td>99</td><td>-6%</td><td>-25%</td></tr>
<tr><td>EU</td><td>1,091</td><td>1,096</td><td>1,004</td><td>92</td><td>-8%</td><td>-8%</td></tr>
<tr><td>아이슬란드</td><td>1</td><td>1</td><td>1</td><td>0</td><td>+10%</td><td>-23%</td></tr>
<tr><td>노르웨이</td><td>12</td><td>17</td><td>12</td><td>6</td><td>+1%</td><td>-32%</td></tr>
<tr><td>스위스</td><td>13</td><td>15</td><td>12</td><td>2</td><td>-8%</td><td>-16%</td></tr>
<tr><td>호주[2)]</td><td>135</td><td>144</td><td>145</td><td>-1</td><td>+8%</td><td>+1%</td></tr>
<tr><td>뉴질랜드</td><td>14</td><td>23</td><td>14</td><td>9</td><td>0%</td><td>-39%</td></tr>
<tr><td>Annex I (시장경제 전환국)</td><td>에스토니아</td><td>8</td><td>6</td><td>7</td><td>-2</td><td>-8%</td><td>+34%</td></tr>
<tr><td></td><td>라트비아</td><td>7</td><td>6</td><td>6</td><td>-1</td><td>-8%</td><td>+13%</td></tr>
<tr><td></td><td>리투아니아</td><td>12</td><td>14</td><td>11</td><td>3</td><td>-8%</td><td>-22%</td></tr>
<tr><td></td><td>러시아</td><td>722</td><td>794</td><td>722</td><td>72</td><td>0%</td><td>-9%</td></tr>
<tr><td></td><td>우크라이나</td><td>236</td><td>212</td><td>236</td><td>-24</td><td>0%</td><td>+12%</td></tr>
</table>

1 UNFCCC(2025.08), National greenhouse gas inventory data for the period, 1990-2023.

		1990년	2010년	배출 한도량	감축 필요량	감축목표 (1990년 대비)	실제 감축비율 (2010년 대비)
	불가리아	42	38	38	0	-8%	+1%
	체코	51	53	47	6	-8%	-11%
	슬로 바키아	20	18	19	0	-8%	+2%
	헝가리	27	29	25	3	-6%	-11%
	폴란드	144	160	136	25	-6%	-15%
	루마니아	71	56	66	-10	-8%	+18%
	슬로 베니아	5	5	4	1	-8%	-20%

주: 1) TC는 Ton of Carbon의 약자로 탄소톤이라 하며 온실가스를 탄소기준으로 환산한 것
2) 미국, 호주 등은 교토의정서에 비준하지 않음.

자료: 1990년 온실가스 배출량(UNFCCC, 2002), 2010년 온실가스 배출량 전망("Implementation of the Kyoto Protocol", ADB, 2000<UNFCCC/National Communications>), 국가별 감축목표(The Kyoto Protocol to the Convention on Climate Change)이며 "기후변화협약과 교토의정서", 산업자원부(2002.7)에서 재인용.

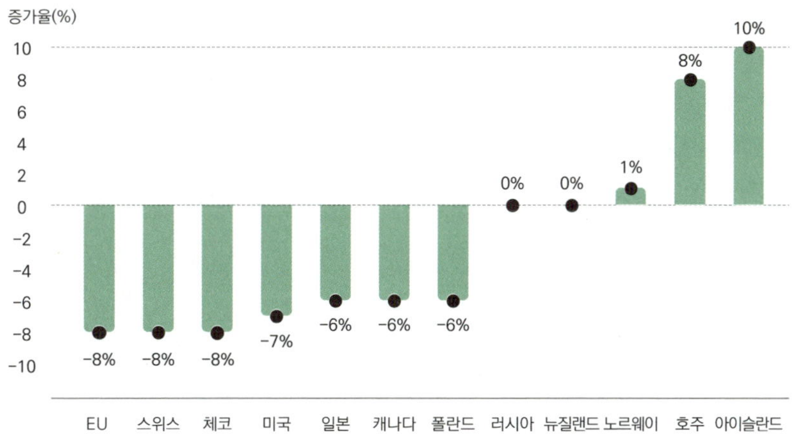

교토 메커니즘(시장 기반 감축수단 도입)

선진국이 온실가스 감축 의무를 자국 내에서만 모두 이행하기에는 한계가 있음을 인정하여 배출권의 거래나 공동사업을 통한 감축분이전 등을 통해 의무이행의 유연성을 부여하는 유연성 체계를 갖고 있다. 하기의 세 가지 감축수단을 통해 감축 비용을 낮추면서도 감축 목표가 달성 가능하도록 설계한다.

■ **공동이행제도**(JI, Joint Implementation)[2]

- 선진국이 타 선진국에 투자하여 발생한 온실가스 감축실적을 자국실적으로 인정

■ **청정개발체제**(CDM, Clean Development Mechanism)[3]

- 선진국이 개도국에 투자하여 발생된 온실가스 감축실적을 자국실적으로 인정

■ **배출권 거래제**(ETS, Emission Trading System)[4]

- 온실가스 감축 의무 보유국가(38개국)가 의무 감축량을 초과하여 달성하였을 경우 이 초과분을 다른 부속서 국가와 거래할 수 있는 제도

2 제6조 공동이행(JI)에 관한 규정.
3 제12조 청정개발체제(CDM)에 관한 규정.
4 제17조 배출권거래제(ETS)에 관한 규정.

교토의정서의 성과와 한계

전체적으로 목표보다 더 많은 감축량(평균 22.6%)을 달성하였으며, 특히 구소련권 국가들의 경제 침체로 인한 배출 감소가 큰 영향을 미쳤다. 하지만, 이것이 정책적 성과인지, 우연한 결과인지에 대한 논란이 존재한다.

가장 큰 한계로는 주요 국가들의 불참과 실효성에 대한 의문이다. 1997년 교토의정서를 채택할 당시 온실가스 배출량 1위였던 미국의 경우 의무감축국인 선진국임에도 불구하고 자국 경제의 심각한 손실을 고려하여 이후 중국, 인도 등의 개발도상국이 참여하지 않을 경우 어떤 국제협약에도 참여하지 않겠다는 상원 결의문에 따라 2001년에 교토의정서 탈퇴를 선언하였다. 이후 교토의정서의 이러한 형평성 문제를 지적해온 일본, 캐나다, 러시아 등이 제2차 공약기간(2013~2020년)[5]에 이탈하면서, 결과적으로 글로벌 온실가스의 70%를 배출하는 국가들이 감축 의무에서 빠져 실효성에 큰 타격을 입었다.

국제사회는 교토의정서의 한계점에 계속해서 부딪혔고, 특히 선진국들의 경우 개도국이 의무 감축에서 제외된 후 형평성 문제를 지속적으로 제기하였다. CDM 사업에서 '진정한 감축 효과' 여부에 대한 검증 문제와 이중계산 방지 등 회계 투명성 이슈도 존재하여 그 한계를 드러냈다.

5 교토의정서 제2차 공약기간에 대한 도하개정문(Doha Amendment, 2012년 채택, 2020년 발표)의 주요내용은 다음과 같다.
(공약기간 연장) 교토의정서 제2차 공약기간을 2013~2020년, 8년으로 설정.
(부속서 A 개정) 삼불화질소((NF3) 추가(7대 온실가스).
(부속서 B 개정) 평균 18% 감축(의무대상국가 38개국).

파리협정으로의 전환

이러한 상황에서 새로운 기후변화 대응 체제의 필요성이 더욱 커졌다. UNFCCC는 교토의정서의 한계를 극복하고, 모든 국가가 참여하는 보편적 기후체제를 만들기 위해 새로운 체제를 구상하게 되었다. 2015년 파리협정을 통해 선진국과 개도국 모두가 자발적 감축목표(NDC)를 설정하고, 장기적으로 온실가스 순배출 제로(Net-zero)를 지향하게 되었다.

한국의 경우 교토의정서 초기에는 비의무국으로 분류되었지만, CDM 프로젝트에 적극 참여하여 감축시장 활성화에 기여하였다. 이후, 파리협정 체제에서는 감축 의무 국가가 되어, 2030년까지 NDC 목표를 설정하고 이행하고 있다.

12

교토메커니즘에 대해 조금 더 자세히 알아보자

12 교토메커니즘에 대해 조금 더 자세히 알아보자

핵심요약

국제사회는 비용효율적인 감축 수단을 마련하기 위해 시장기제를 활용한 유연한 이행수단, 즉 '교토메커니즘(Kyoto Mechanisms)'을 도입하였다.

교토메커니즘의 등장 배경

교토메커니즘은 1997년 채택된 교토의정서(Kyoto Protocol)에서 도입된 국제적 탄소 감축 수단이다. 교토의정서는 기후변화에 대응하기 위한 유엔기후변화협약(UNFCCC)의 구속력 있는 이행체계로서, 선진국(Annex I 국가)에 대해 온실가스 감축 의무를 최초로 법적 구속력하에 부과하였다.

그러나 각국이 자국 내 감축만으로 목표를 달성하는 데에는 기술적·경제적 한계가 존재하였다. 이에 따라 국제사회는 비용효율적인 감축 수단을 마련할 필요성이 있었고, 그 결과로 시장기제를 활용한 유연한 이행수단, 즉 '교토메커니즘(Kyoto Mechanisms)'이 도입되었다.

교토메커니즘 개념

교토메커니즘이란 시장의 원리(market mechanism)를 활용하여 보다 경제적이고 효율적으로 온실가스 감축을 달성하기 위한 수단이다. 즉, 온실가스 감축을 하나의 거래 가능한 상품으로 인식하고, 국가 간 또는 국가와 기업 간에 감축 실적을 사고팔 수 있도록 허용함으로써, 전 지구적 차원에서 최소 비용(cost-effective)으로 목표를 달성하게 하는 것이 핵심 목적이다.

교토메커니즘 구성요소 (3대 메커니즘)

교토메커니즘은 다음의 세 가지로 구성되는데, 공동이행제도(Joint Implementation, JI)는 선진국이 다른 선진국(Annex I 국가)의 영토 내에서 온실가스 감축사업을 시행하고, 그 감축 실적을 자국의 감축목표에 포함시킬 수 있도록 하는 제도이다. 주로 중동부 유럽의 전환경제국가에서 적용되며, 기술이전 및 감축 프로젝트의 효율성을 높이는 역할을 수행하였다.

청정개발체제(Clean Development Mechanism, CDM)는 선진국이 개발도상국(Non-Annex I 국가)에 온실가스 감축 관련 프로젝트를 투자하여 감축 실적을 창출하고, 이를 자국의 감축목표 이행에 활용할 수 있도록 하는 제도이다. CDM은 감축 의무가 없는 개도국의 지속가능한 발전을 유도함과 동시에 선진국의 이행 비용을 줄이는 이중효과를 목표로 하였다. 예를 들어, 개도국에 태양광, 풍력, 바이오매스 등 신재생 에너지 프로젝트를 시행함으로써 해당 국가의 에너지 전환을 지원하는 동시에 선진국은 그로 인한 감축분을 확보하게 된다.

배출권거래제(Emission Trading Scheme, ETS)는 온실가스 감축 의무를 가진 선진국(Annex I 국가)들이 배출권을 서로 거래할 수 있도록 허용한 제도이다. 각국은 자국의 감축목표를 초과 달성했을 경우, 남는 배출권을 감축 실적이 부족한 다른 국가에 판매할 수 있으며, 반대로 감축 목표를 초과하기 어려운 국가는 시장에서 배출권을 구매함으로써 의무를 이행할 수 있다. 이는 이행비용을 최소화하고 시장의 수요·공급에 따라 감축비용이 합리적으로 분배되도록 설계된 제도이다.

교토메커니즘 성과와 한계

주요 성과로는 선진국의 감축 이행 비용 절감, 개도국의 친환경 기술 수용 촉진 및 지속가능한 성장 지원, 국제 탄소시장의 기반 마련 등이 있다. 교토메커니즘은 특히 CDM을 통해 7,000건 이상의 프로젝트를 등록하며 개도국에 신재생에너지 및 고효율 기술의 확산을 촉진하였다. 동시에 선진국 입장에서는 비교적 저비용으로 감축 목표를 달성할 수 있는 수단이 되었다.

하지만, 감축 프로젝트가 정말로 '추가적인' 감축을 유도했는지에 대한 검증의 어려움(CDM의 환경무결성(additionality)문제)이 존재하였다. 또 과도하게 복잡한 프로젝트 등록 및 감축량 인증 절차와 승인 지연, 높은 행정비용이 비효율을 초래하였다. 또한, 중국, 인도 등 일부 개도국에 CDM 프로젝트가 집중되어 지역 간 형평성 문제가 발생하였고, 감축 목표보다 경제적 이득을 중심으로 한 거래가 우선되면서 환경적 효과에 대한 우려가 커졌다.

교토메커니즘은 2008~2012년 제1차 공약기간 이후, 파리협정(2015)의 등장으로 구조적인 전환을 맞이하였다. 파리협정에서는 모든 국가가 자발적으로 온실가스 감축목표(NDC)를 설정하고, 이를 투명하게 보고하도록 규정하였다. 이와 함께, 교토메커니즘의 한계를 보완한 새로운 시장기반 수단으로서 파리메커니즘은 지속가능개발 메커니즘(Sustainable Developmet Mechansim, SDM)[1], 협력적 접근법[2], 비시장 접근법[3] 등을 제시하여, 보다 포괄적이고 투명한 감축협력을 목표로 하게 되었다.

교토메커니즘은 국제 기후협력에서 '시장'이라는 도구를 효과적으로 활용한 최초의 글로벌 메커니즘이라는 점에서 매우 중요한 의미를 가진다. 하지만, 한계점 또한 분명히 존재하였으며 이는 파리협정 이후의 새로운 탄소시장 체제로 이어졌다. 교토메커니즘은 과도기적 기후거버넌스의 산물로서 향후에도 탄소시장 설계와 정책 개발에 있어 참고할 만한 중요한 역사적 자산이다.

---

1 Article 6.4.
2 Article 6.2.
3 Article 6.8.

13

CDM(Clean Development Mechanism)이란 무엇인가요?

13 CDM(Clean Development Mechanism)이란 무엇인가요?

핵심요약

* CDM이란?
온실가스 감축 의무가 있는 선진국(Annex I 국가)이 개발도상국(Non-Annex I 국가)에서 온실가스 감축사업을 시행하여 발생한 감축분을 자국의 감축 실적으로 인정받을 수 있도록 한 제도이다.

CDM의 정의와 개념

교토의정서 제12조에 따라 도입된 메커니즘으로, 온실가스 감축 의무가 있는 선진국(Annex I 국가)이 개발도상국(Non-Annex I 국가)에서 온실가스 감축사업을 시행하여 발생한 감축분을 자국의 감축실적으로 인정받을 수 있도록 한 제도이다. 이는 세계 최초의 탄소 금융 메커니즘으로, 선진국에게는 보다 저렴한 비용으로 온실가스를 감축할 수 있는 기회를, 개발도상국에게는 친환경 기술과 투자를 유치해 지속가능한 개발을 이룰 수 있는 수단을 제공한다. 즉, 기후변화 대응과 경제발전이라는 두 가지 목표를 동시에 추구할 수 있는 국제 협력체계인 것이다.

CDM의 도입 배경과 의의

선진국은 교토의정서에 따라 2008~2012년 기간 중 온실가스를 1990년 대비 평균 5.2% 감축해야 했다. 그러나 자국 내에서만 감축 목표를 달성하기엔 기술적·경제적 한계가 있었고, 이에 따라 비용효율적인 방법으로 감축 의무를 이행하기 위해 CDM을 도입하였다.

CDM의 도입은 선진국에게는 개도국에 비해 상대적으로 저렴한 비용으로 감축 실적의 달성을, 개도국에게는 기술 이전과 외국인 투자를 통해 친환경 산업 기반을 마련하고 지속가능한 개발을 촉진하여 상호이익이 되는 구조를 만들 수 있다.

CDM의 주요 절차 및 기관

CDM 사업이 승인되기 위해서는 다음의 국제적 절차와 기관이 관여한다.

기관	역할
CDM집행위원회 (Executive Board, EB)	UNFCCC 산하 기구로 CDM의 전반적인 운영과 규칙 제정, 인증기관(DOE) 승인 등을 담당.
국가승인기구 (Designated National Authority, DNA)	각국 정부 산하 기관으로, 해당 국가의 CDM 사업이 지속가능한 발전에 기여하는지를 심의하고 승인서(Letter of Authorization, LoA)를 발급
지정 운영기관 (Designated Operational Entity, DOE)	CDM 사업의 타당성과 감축실적을 검증하는 독립된 제3자 검인증기관 UNFCCC에 등록되어야 하며, 계획 타당성 검토(Validation) 및 성과 검증(Verification)을 담당

CDM 사업 참여 조건과 산업 분야

CDM 사업을 하기 위해서는 교토의정서 비준국이어야 하며, 국가승인기구(DNA)가 설립되어 있어야 하고, DOE로부터 검정을 받을 수 있어야 한다. CDM이 가능한 사업 분야는 15개 산업군으로 제한되어 있으며, 주요 분야는 에너지산업 및 에너지공급/수요 부문, 제조업, 화학, 금속, 건설, 수송, 폐기물 처리, 조림 및 재조림, 온실가스 탈루배출 방지, 농업 등이 있다.

CDM의 역사적 성과와 붕괴

2008~2012년 제1차 공약기간 중 CDM은 약 6,600개 프로젝트를 통해 총 12억 톤 이상의 감축실적(Certified Emission Reductions, CERs)[1]을 발행하며 국제 탄소시장에서 큰 성공을 거두었다. 당시 배출권 가격은 톤당 최대 25유로에 달했다.

그러나 2012년 이후 시장의 과잉공급과 규제의 변화(EU의 CER 사용 금지 등)로 가격이 급락하여 톤당 0.5유로까지 하락하였고, CDM 시장은 사실상 붕괴하였다. 이른바 탄소 패닉(Carbon Panic) 현상이 발생하면서 CDM은 신뢰와 시장기능 모두를 상실하게 되었다.

---

1 개발도상국에서 시행된 CDM 사업을 통해 발생한 온실가스 감축 실적에 대해 UNFCCC(유엔기후변화협약)의 CDM 집행위원회(CDM Executive Board)가 공식적으로 인증하여 발행하는 국제 탄소배출권 단위이다. 1개의 CER은 이산화탄소(CO_2) 1톤의 감축 또는 흡수를 의미하며, 교토의정서에 따른 배출권거래(ETS) 또는 탄소상쇄에 사용할 수 있다. 국제 시장에서 거래가 가능하며, 국내에서도 KOC(국내 전환 상쇄 크레딧)로 전환하여 사용이 가능하다. 대부분 에너지 효율, 재생에너지, 폐기물 처리 등에서 발생한 실적을 기반으로 발행된다. CDM 레지스트리에 등록된 CERs는 거래소(예: CBL, Xpansiv) 또는 양자거래를 통해 매매가 가능하다.
과잉공급 및 수요 감소로 가격이 2008년 톤당 25유로에서 2012년 0.5유로까지 폭락하기도 하였으며, EU의 CERs 수입 제한, 일본의 감축 후퇴 등으로 시장 기능이 마비된 바 있다.

CDM의 재부상과 현황

2013년 이후 일부 국가와 기업의 지원을 바탕으로 CDM 제도는 부분적으로 회복되었다. 이후 1,200개 이상의 신규 프로젝트가 추가 등록되었으며, 누적 발급된 CERs는 20억 톤을 초과하였다.

대한민국 또한 국내외에서 CDM 사업을 활발히 추진하였다. 『국내 CDM사업 등 현황』 자료에 따르면, 2024년 기준 국내에서 총 97건의 일반 CDM 사업이 등록되어 있으며, 관련 방법론은 211건에 이른다. 대표 기업으로는 한국서부발전, 한국전력공사, 한국수력원자력, 에코아이 등이 있다. 주요 사업 유형으로는 고효율 쿡스토브 보급, 풍력발전, 바이오매스 발전, 재생에너지 기반 사업 등이 포함된다.

CDM 사업은 사업 등록 과정의 복잡성과 높은 거래비용, 특정 지역(예: 중국, 인도) 및 특정 유형(예: 수력, 풍력)에 편중, 실질적 개발도상국 지속가능 발전 기여 미흡, 감축량의 진정성 및 부가성(additionality) 검증의 어려움 등의 한계가 존재한다.

CDM은 기후변화 대응을 위한 국제적 협력의 대표 사례로, 탄소시장 기반 구축과 개도국 기술이전이라는 두 가지 측면에서 역사적 의의를 가진 제도이다. 비록 한계와 시장 붕괴를 경험했지만, 그 구조와 경험은 향후 파리협정 기반의 국제 탄소시장에서도 중요한 참조 모델이 되고 있다. 지속가능성과 형평성을 갖춘 차세대 메커니즘 설계를 위해 CDM의 교훈은 반드시 되새길 필요가 있다.

14

ETS(Emission Trading System)란 무엇인가요?

14 ETS(Emission Trading System)란 무엇인가요?

핵심요약

* ETS(Emission Trading System)란?
정부가 기업들에게 일정량의 온실가스 배출 허용총량(cap)을 설정한 후, 기업들이 그 범위 내에서 배출권을 거래할 수 있도록 허용하는 제도이다.

ETS의 구조와 운영방식

ETS는 정부가 기업들에게 일정량의 온실가스 배출 허용총량(cap)을 설정한 후, 기업들이 그 범위 내에서 배출권을 거래할 수 있도록 허용하는 제도이다. 따라서 기업들이 온실가스를 감축하거나, 감축한 기업으로부

배출권거래제(ETS)의 개념도

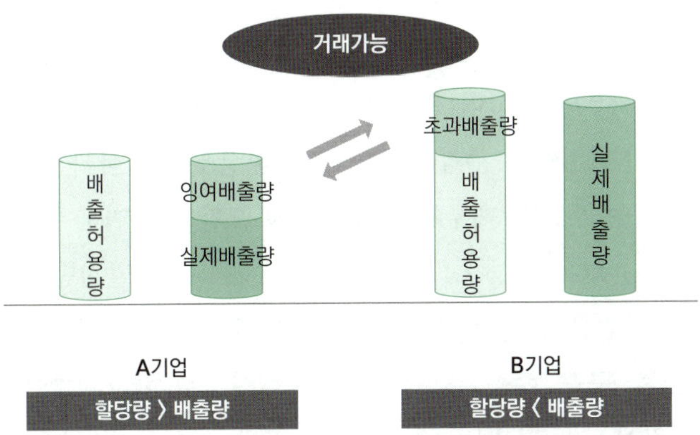

자료: 기획재정부

터 배출권을 구입함으로써 가장 비용 효율적인 방식으로 온실가스 배출 감축 의무를 달성하도록 유도하는 것이 목적이다.

ETS는 '할당-배출-거래-검증-보고-제출'의 과정을 통해 운용된다. 정부는 각 업체에 과거 배출 이력과 산업별 특성을 반영하여 할당량을 부여한다. 기업은 실질 배출량이 할당량보다 적을 경우 잉여 배출권을 판매할 수 있으며, 초과 배출 시 다른 기업으로부터 구매해야 한다. 기업은 온실가스 배출 실적을 검증받고 매년 정해진 기간에 할당량만큼의 배출권을 정부에 제출해야 한다.

배출권을 할당하는 방식은 과거배출량 기반 할당(Grandfathering, GF)과 활동자료 기반 할당(Benchmarking, BM) 방식이 있다. GF는 과거의 배출 실적을 기반으로 할당량을 정하는 방식으로, 설비 효율에 대한 고려가 부족하지만 적용이 용이하다는 장점이 있다. BM은 생산량, 활동자료 등을 기반으로 설비 효율성을 반영한 방식이다. 에너지 집약도가 높은 산업에서는 이 방식이 점차 확대되고 있다.

배출권거래제 특징

대상 온실가스는 6종류로 이산화탄소(CO_2), 메탄(CH_4), 아산화질소(N_2O), 수소 불화탄소(HFCS), 과불화탄소(PFCS), 육불화황(SF_6)이다. 자국의 지역여건에 따라 배출권거래제를 설계할 수 있다. 도쿄와 같은 대도시 단위에서부터 미국이나 캐나다 같은 주·지방정부 단위, EU와 같은 초국가적인 단위까지 운영이 가능하며, 대상부문도 국가 및 지역별로 다양하다. 산업 부문은 대부분 감축대상에 포함되나 미국 북동부 지역 주 연합 ETS인 RGGI(Regional Greenhouse Gas Initiative)는 발전만을 감축대상으로 하고, 산림은 뉴질랜드 ETS 감축대상에 해당한다. 한국 ETS는 발전, 산업, 건물, 공공, 수송 부문들을 감축 대상으로 한다. ETS를 통해 창출된 배출권에 대한 단위는 AAU(Assigned Amount Units)이다.

| 배출권거래제(ETS) 주요 대상부문

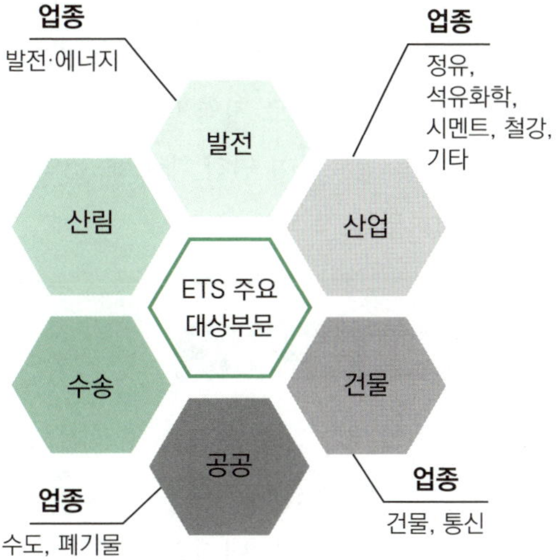

자료: ICAP(International Carbon Action Partnership), 에너지관리공단.
참고: 대상부문 구분은 국가별로 상이함.

글로벌 탄소거래제 운영현황

유럽연합의 경우 2005년도에 출범한 세계 최초의 탄소시장에 31개국이 참여하고 있다. 초기 할당은 무상으로 시작하여 현재 발전 부문의 경우 100% 유상할당 진행 중이며, 과거 1, 2기에 경험한 가격폭락 등을 개선하기 위하여 시장안정화 예비분(MSR)을 확대하였다. 유럽연합은 산업부문 유상할당을 2032년까지 100%로 끌어올릴 계획이며, 2026년 1월 1일부터 탄소국경조정제도(CBAM)[1]을 시행할 예정이다.

미국의 경우, 2009년도에 북동부 지역 온실가스감축협약인 RGGI가 출범하여 10개 주가 참여하는 미국최초의 배출권거래시장이 형성되었으며 발전 부문만을 대상으로 한다. 또한, 서부지역기후이니셔티브(WCI)

1 탄소배출 규제가 강한 나라가 상품을 수입할 때 해당 상품을 만드는 과정에서 배출된 탄소량을 따져 관세를 물리는 것을 의미.

구성원인 캘리포니아 주는 2013년부터 ETS를 시작했으며, 2014년 퀘백 ETS와 연계하여 세계 최초의 연계 탄소시장을 개장하였다.

중국의 경우, 2013년 션전 지역부터 시작하여 상하이, 베이징, 광둥, 텐진, 후베이, 충칭에서 순차적으로 지역 단위 ETS를 실시한다. 2017년에 전국 단위 ETS 개장을 발표하여 연간 배출량 33억 톤의 세계 최대 규모의 탄소시장이 출범하였다.

국내 배출권거래제 관련 현황

우리 정부는 국가 온실가스 감축 목표를 효과적으로 달성하기 위해, 전체 배출권 총량을 정한 뒤 계획 기간별로 이를 기업에 배분하는 국가 배출권 할당계획을 수립하고 있다. 이러한 계획은 「배출권거래제법」에 따라 2015년부터 시행되었으며, 현재는 제3차 계획기간(2021~2025년)이 운영 중이다.

- **1차 계획기간**(2015~2017)에는 525개 기업을 대상으로 총 16억 8,600만 톤이 할당되었고, 2017년에는 대상이 592개로 증가
- **2차 계획기간**(2018~'2020)에는 641개 기업에 16억 4,300만 톤이 할당되었으며, 이 중 유상할당량은 2019년 794.9만 톤, 2020년 817.1만 톤
- **3차 계획기간**(2021~2025)에는 684개 기업에 29억 200만 톤이 할당되었고, 2021년 유상할당량은 1,824.2만 톤으로 증가

구분	제1기('15~'17년)	제2기('18~'20년)	제3기('21~'25년)
주요목표	경험축적 및 거래제 안착	상당수준의 온실가스감축	적극적인 온실가스 감축
제도운영	상쇄인정범위 등 제도의 유연성 제고 정확한 MRV 집행을 위한 인프라 구축	거래제 범위확대 및 목표 상향 조정 배출 량 보고·검증 등 각종 기준 고도화	신기후체제 대비 자발적 감축유도 제3자 거래제 참여 등 유동성 공급 확대
할당	전량 무상할당 목표관리제 경험 활용	유상할당 개시 * 무상: 97% 유상: 3% 벤치마크 할당 등 할당 방식 선진화	유상할당 비율 확대 * 무상 : 90%, 유상: 10% 선진적 할당방식 정착

1차 계획기간(2015~2017년)

할당업체

2015년	2016년	2017년
525개	564개	592개

(권리의무승계, 신규진입 등으로 인해 증가)

할당량

최종 할당량 16억 86백만 톤
(43.3백만 톤 추가할당, 42.0백만 톤 할당 취소)

2차 계획기간(2018~2020년)

할당업체

609개 업체

할당량

사전 할당량 16억 43백만 톤

경매(유상할당)

대상: 유상할당업종에 속한 할당대상업체
물량: 2019년 795만 톤(월 1회, 총12회 경매입찰)

관리대상물질은 이산화탄소(CO2), 메탄(CH4), 아산화질소(N2O), 수소불화탄소(HFCS), 과불화탄소(PFCS), 육불화황(SF6) 6가지 항목이며, 할당방식은 과거배출량 기반 할당(GF)과 과거활동자료 기반 할당(BM)으로 구분된다. 1차 계획기간에는 대부분 무상 할당(100%)[2]이었으며, 2차 계획기간부터는 일부 업종에 대해 약 3% 수준의 유상할당이 도입되었다.

2 무상 할당을 받을 수 있는 업종은 무역집약도 30% 이상, 생산비용 발생도 30% 이상, 생산비용 발생도 30% 이상, 무역집약도 10% 이상이면서 생산비용 발생도 5% 이상 중 하나에 해당해야 한다.

2015년 제도 도입 초기에는 실질적 감축효과가 미미하였으나, 2019년부터 배출량이 처음으로 감소하는 성과를 보였다. 배출권 거래금액은 2015년 624억 원에서 2019년 1조 831억 원으로 약 16배 증가하였다. 그러나 제1~2차 계획기간 동안 대부분의 배출권이 무상으로 할당되었고, 기업들은 여유분을 시장에 팔아 수익을 내는 데 그쳐 실질적인 감축 유인이 약했다. 특히, 포스코는 557만 톤, 삼성전자는 99만 톤의 배출권을 남기고 약 5,600억 원의 수익을 얻은 것으로 추산된다. 이러한 문제를 해결하고 경쟁력을 확보하기 위해서는 유상할당 비율을 높이고 총 배출허용량을 줄여야 한다.

15

파리협정 제6조란 무엇인가요?

15

파리협정 제6조란 무엇인가요?

핵심요약

* 파리협정(Paris agreement)이란?
2020년 이후 세계 기후변화대응을 위한 기본 틀을 규정한 국제협약으로서, 기존의 '2도 이내'보다 강화된 지구온도 상승목표를 설정하였다.

파리협정 개요

온실가스의 실질적 감축을 위해, 1997년 채택된 교토의정서에서 좀더 넓은 범위의 협정으로 2015년 12월 12일에 제21차 유엔기후변화협약 당사국총회(COP21)에서 채택된 파리협정은 2020년 이후의 전 세계 기후변화 대응 체계를 규정한 국제협약으로서 2016년 11월 4일에 발효되었다. 이는 기존의 교토의정서가 일부 선진국에만 감축 의무를 부여했던 것과 달리, 전 세계 195개국이 자발적 감축 목표(NDC, 국가결정기여)를 설정하고 이행해야 한다는 점에서 매우 포괄적인 기후합의로 볼 수 있다.[1]

1 교토 체제하에서는 감축 의무 부담국가가 40여 개국, 전 세계 온실가스 배출량의 22%에 불과한 반면, 파리협정 체제하에서는 197개국, 전세계 배출량의 95.7%(NDC 제출 161개국 기준).

교토의정서와 파리협정 비교

교토의정서	구분	파리협정
기후변화협약 Annex 1 국가 (선진국)	감축 대상	모든 당사국(NDC)
온실가스 감축에 초점	범위	감축, 적응, 이행수단(재원, 기술이전, 역량배양) 포괄
온실가스 배출량 감축 (1차: 5.2%, 2차: 18%)	목표	온도 목표 (2℃ 이하, 1.5℃ 추구)
하향식	목표 설정	상향식(자발적 공약)
징벌적 (미달성량의 1.3배 페널티 부과)	의무 준수	비징벌적 (비구속적, 동료 압력 활용)
특별한 언급 없음	의무 강화	진전원칙(후퇴금지원칙) 전 지구적 이행점검(매 5년)
매 공약기간 대상 협상 필요	지속성	종료 시점 없이 주기적 이행 상황 점검

협정에 가입한 주요 국가들 약속 내용

국가	내용
한국	2030년까지 2017년 대비 온길가스 24.4% 감축 목표 제시
영국	2030년까지 탄소 배출량 68% 감축 목표 제시
프랑스	EU의 일원으로서 2030년까지 온길가스 배출량 55% 감축 목표 제시
미국	도널드 트럼프 대통령 1기 정권하에서 파리협정 탈퇴 후 재가입, 새로운 목표 기대
중국	2030년 이전에 온실가스 배출 정점(peak year)을 달성하고, 2060년까지 탄소중립을 달성하겠다고 선언
브라질	2030년까지 탄소배출량을 43% 감축한다는 목표 제시

제6조의 개념과 구조

파리협정 제6조는 온실가스 감축목표 달성을 위한 국가 간 협력 메커니즘을 규정하고 있으며, 세 가지 하위 조항으로 구성된다.

- **제6.2조(협력적 접근법, Cooperative Approaches)**
  국가 간 양자 또는 다자 협력에 따라 감축 실적(ITMO)을 국가 간 이전할 수 있도록 허용하며, 이 실적은 각국의 NDC 이행에 활용된다. 감축 실적의 투명한 회계처리(상응조정, Corresponding Adjustment)가 필수 조건이다.
- **제6.4조(중앙집중형 메커니즘, Sustainable Development Mechanism)**
  UN 산하 감독기구가 관리하는 중앙화된 국제 탄소시장으로, 교토의정서의 청정개발체제(CDM)를 대체한다. 정부뿐 아니라 민간도 참여할 수 있으며, 감축 실적은 판매 또는 이전 가능하다.
- **제6.8조(비시장 기반 접근법, Non-Market Approaches)**
  감축 실적의 이전 없이 협력을 도모하는 방식으로, 기술협력, 역량 강화, 재정지원 등을 포함하며, 특히 기후변화 적응이나 지속가능발전 목표(SDGs)와의 연계성이 강조된다.

파리협정 제6조의 이행 경과

- **제22차 유엔기후변화협약 당사국 총회**(COP22)(2016.11.7-18)
  2018년까지 파리협정 이행에 필요한 세부 지침 마련하는 데에 합의
- **제24차 유엔기후변화협약 당사국 총회**(COP24,2018/**폴란드 카토비체**)
  파리협정 이행규칙 대부분이 채택되었으나, 제6조에 대한 합의는 미완료. 제6조(국제탄소시장) 지침을 제외한 감축, 적응, 투명성, 재원, 기술이전 등 8개 분야 16개 지침을 채택

■ **제 26차 유엔기후변화협약 당사국 총회**(COP26,2021/영국 글래스고)

6년간 치열한 협상 끝에 국제탄소시장 지침이 타결되었고, 파리협정의 세부이행규칙(Paris Rulebook)이 완성

- 협정 이행을 위해 시장 또는 비시장 접근법을 활용한 국가 간 협력
- 협정 6조는 크게 국가간 온실가스 감축 실적 거래를 내포하고 있는 시장기반 접근법(제6조 제2항 및 제6조 4항)과 국가 간 협력은 하되 감축 실적의 이전이 수반되지 않는 비시장 접근법(제6조 8항)으로 구성

시장기반 접근법은 다시 참여 국가의 자율성을 보장하며 다양한 유형의 협력이 가능한 '협력적 접근법(제6조 2항)과 기준 청정개발체제(CDM)와 유사하게 파리협정 당사국회의가 관리하는 중앙화된 감축 메커니즘인 제6조 메커니즘(제6조 4항)으로 구분된다.

[파리협정 제6조의 구조와 3대 하부 체제]

원칙	(제6조제1항) NDC 이행에 있어 감축 및 적응 의욕 상향, 지속가능발선 및 환경건진성 촉진을 위해 당사국 간 자발적 협력 선택 가능		
제6조 3대 하부 체제	시장기반 접근법		비시장 접근법
	협력적 접근법 (제6조제2항)	제6.4조 메커니즘 (제6조제4항)	비시장 접근법 (제6조제8항)
	✓ 참여 국가의 자율성을 보장하는 다양한 협력사업 ✓ 국제적으로 이전된 감축 결과물(ITMO)을 NDC 달성에 사용 시 다음의 지침 준수 의무 - 지속가능발전 촉진 - 환경건전성 및 투명성 입증 - 이중계산 방지를 포함한 엄격한 산정 규칙 적용 ✓ ITMO 사용 시 참여 당사국의 허가 필요	✓ 파리협정 당사국회의(CMA)감독하에 운영 · 관리되는 감축 사업 ✓ 온실가스 감축 및 지속가능발전을 지원하는 메커니즘 ✓ 참여 당사국 허가에 의한 공공 및 민간 부문의 참여 유도 ✓ 전 지구적 전반적 감축 도모 ✓ 감축분(A6.4ER)의 이중 사용 금지 ✓ 수익금의 일부를 행정경비 및 개도국 적응지원 목적으로 분배	✓ 통합적 · 총체적 · 균형적 비시장 접근법 ✓ 감축 · 적응 · 재원 · 기술 · 역량배양 간 조정 및 효과적 방법을 통한 NDC 이행 지원 ✓ 비시장 접근법을 위한 프레임워크 설립

파리협정 현황

1) 국내

파리협정 제6조로 타결된 국제감축 시장메커니즘을 활용하여, 민관합동으로 해외투자를 통한 효과적인 온실가스 국제감축사업 추진 체계 구축

〈파리협정 제6조에 따른 온실가스 국제감축 시장메커니즘〉

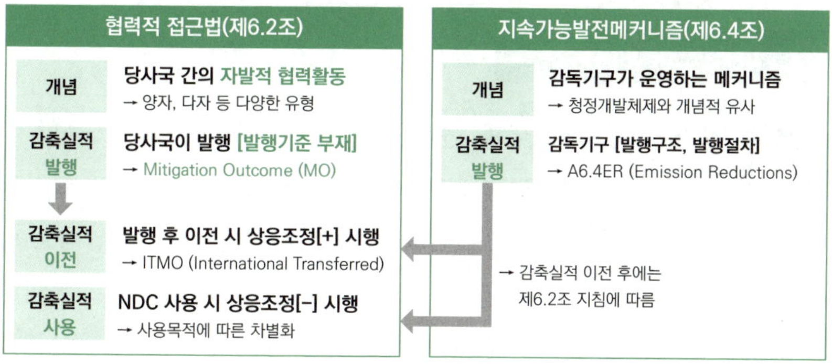

- 우리나라는 2030년까지 NDC 감축량 4,370만 톤 중 약 3,350만 톤(전체의 약 11.5%)을 국제감축을 통해 달성할 계획
- 2021년 베트남과 제6조 협력 양해각서를 체결한 이후, 몽골, 필리핀, 인도네시아 등 *18개국을 우선 협력국가*로 지정하여 양자협력을 확대
- 산업통상자원부는 2024년 산업·에너지 부문 국제감축사업 협의체를 출범시키고, 민관합동의 해외투자 및 감축사업 발굴 체계를 강화

2) 해외

- **일본**: 13년 몽골과 최초로 JCM 파트너십 체결 이후, 현재 총 17개국과 파트너십 체결 및 193건의 온실가스 감축사업 시행 중
- **스위스**: 2020년 10월 페루와 최초 협정 체결 이후, 현재 가나, 세네갈, 조지아, 바누아투, 도미니카 등 총 6개국과 양자협정 체결
- **스웨덴**: 파리협정 세부 규정이 완성될 때까지 6개 pilot 프로젝트를 우선 추진할 계획으로 아르헨티나 등과 양자협력 설계 방안 논의 중

파리협정 시사점

파리협정 제6조는 개도국과 선진국 간 감축 여력 격차를 조율할 수 있는 유연한 수단으로서, 또 탄소시장 발전 및 글로벌 감축 목표 달성의 핵심 메커니즘으로서, 향후 국제감축사업의 질적 수준 제고를 위해 투명성, 환경무결성, 이중계산 방지 등이 핵심 과제로 부각되고 있다. 우리나라 또한 탄소시장을 활용한 감축 전략을 명확히 수립하고, 민간부문의 참여를 유도하기 위한 정책적 지원이 지속적으로 요구된다.

16

기후변화에 관한 정부 간 협의체(IPCC)란 무엇인가요?

16

기후변화에 관한 정부 간 협의체(IPCC)란 무엇인가요?

핵심요약

* 기후변화에 관한 정부 간 협의체(IPCC)란?
기후변화 문제에 대처하기 위해 세계기상기구(WMO)와 유엔환경계획(UNEP)이 1998년에 공동 설립한 국제기구로, 기후변화에 관한 과학적 규명에 기여한다.

IPCC 개요

기후변화에 관한 정부 간 협의체(IPCC, Intergovernmental Panel on Climate Change)는 기후변화 문제에 대한 과학적 평가를 위해 1988년 세계기상기구(WMO)와 유엔환경계획(UNEP)이 공동 설립한 국제기구로, 전 세계의 과학자, 정책 전문가들이 자발적으로 참여하며, 과학 기반의 중립적인 평가를 통해 기후변화 대응을 위한 국제협상의 근거를 마련한다.

IPCC 주요 기능과 활동

1. 과학적 평가보고서 발간

- 정기적인 평가보고서(Assessment Report, AR)를 통해 기후변화의 과학적 원인, 영향, 대응방안을 종합 분석
- 특별보고서(Special Report), 방법론 보고서(Methodology Report)도 수시로 발간

2. 정책 결정자 지원

- 각 보고서에는 의사결정을 위한 요약본(Summary for Policymakers, SPM)을 포함해, 정부와 국제기구가 기후 정책 수립에 활용

3. 협상 기반 마련

- **과거 주요 국제협정의 과학적 기반 제공**
  - AR1(1990): UNFCCC 체결(1992)
  - AR2(1995): 교토의정서 체결(1997)
  - AR5(2014): 파리협정 체결(2015)
  - AR6(2023): 파리협정 제1차 글로벌 이행점검(2023)에 기초자료 제공

IPCC 조직 구조

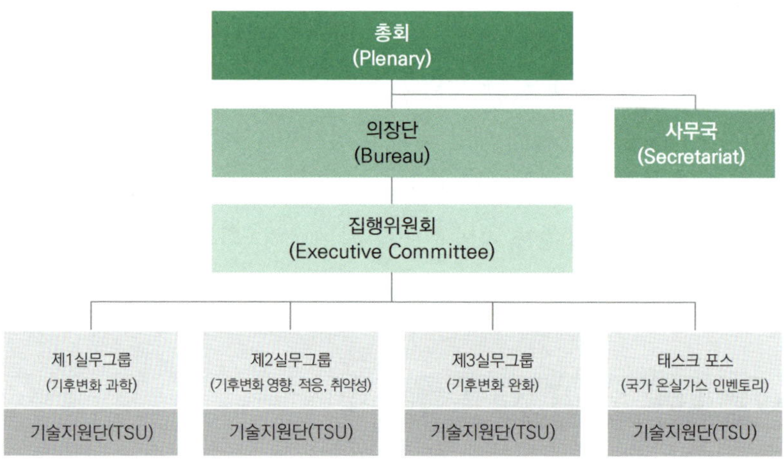

- **총회**: 195개 회원국 정부대표단이 참여
- **의장단**: 의장 1인을 포함한 총 34인으로 구성
- **사무국**: 총회, 의장단 및 집행위원회 지원 역할 수행

■ **기술지원단**(TSU): 각 실무그룹 및 태스크포스 공동의장 산하에 소속되며, 사무국과 같은 지원 역할 수행

- 3개의 실무그룹(Working Group)과 1개의 태스크포스로 구성
- 제1실무그룹(WG I): 기후변화의 물리과학적 측면 평가, 기후모델 및 기후 전망, 기후변화 원인 등 연구
- 제2실무그룹(WG II): 기후변화에 대한 사회-경제적 취약성 및 적응, 영향 평가
- 제3실무그룹(WG III): 온실가스 배출 방지·제한을 통한 기후변화 완화 평가 및 완화에 따른 비용·편익 및 정책 분석
- TFI: 국가 온실가스 인벤토리 개발 지원

IPCC 발간 평가보고서

전 세계 과학자가 참여·발간하는 IPCC 평가보고서(Assement Report, AR)는 기후변화의 과학적 근거와 정책평가를 제시하고 유엔기후변화협약(UNFCCC)에 정부 간 협상의 근거자료로 활용한다.

■ 제1차 평가보고서('90) → 유엔기후변화협약(UNFCCC) 채택('92)

■ 제2차 평가보고서('95) → 교토의정서 채택('97)

■ 제3차 평가보고서('01) → 교토의정서 이행을 위한 마라케시합의문 채택('01)

■ 제4차 평가보고서('07) → Post-2012 체제 협상을 위해 발리로드맵 채택('07) 기후변화 심각성 전파 공로로 노벨평화상 수상(엘고어 공동수상)

■ 제5차 평가보고서('14) → 파리협정 채택('15)

■ 제6차 평가보고서('23) → 제1차 지구적 이행점검('23)

* 해당 보고서는 지난 8년간 전 세계 과학자 782명이 참여해 도출한 기후 변화데이터와 평가를 총정리

IPCC 제6차 평가보고서(AR6 Synthesis Report 2023)

- **작성 기간**: 2015~2023년
- **참여 과학자**: 약 782명
- **구성**
  - 3개 특별보고서: 1.5℃(2018), 토지(2019), 해양·빙권(2019)
  - 3개 실무그룹 보고서(WG I~III)
  - 종합보고서: 상기 보고서를 통합해 정책결정자를 위한 핵심 메시지 제공
- **핵심 메시지 요약**
  - 기후 변화의 원인과 영향
    - 산업화 이전 대비 지구 평균 기온 1.1℃ 상승
    - 이산화탄소 배출 지속 시, 2040년까지 1.5℃를 초과할 가능성 50% 이상
    - 고온, 홍수, 가뭄, 해수면 상승, 생물다양성 손실 등의 피해 확대
  - 기후 변화의 불평등성
    - 상위 10% 인구가 온실가스의 약 45%를 배출
    - 가장 취약한 개발도상국 및 지역에 피해 집중(예: 사하라 이남 아프리카, 남아시아)
  - 기후위기 대응의 시급성
    - 2025년 이전 온실가스 배출 정점 도달 필요
    - 2050년까지 석탄 95%, 석유 60%, 가스 45% 감축 요구
    - 순배출 제로(Net-Zero) 도달을 위한 탄소포집(CCS) 및 CDR 기술 활용 강조
  - 기후 탄력적 개발(Climate Resilient Development)
    - 에너지, 산업, 도시계획, 운송, 농업 등 전 부문의 체계 전환 필요
    - 생태기반 적응, 지속가능한 도시 설계, 재생에너지 확대 등 권고

• 기후금융 확대 필요
  - 선진국 대비 투자 부족
  - 개도국에 대한 2030년까지 기후 대응 투자 3~6배 증가 필요

한국의 IPCC활동

국내의 경우도 IPCC 대응을 위한 국내 전문가 포럼을 운영하고 있다. 기상청은 IPCC 주관부처로서 IPCC 정보에 대한 국내 이해확산 및 대응 역량을 강화하기 위해 2016년 IPCC 전문가 포럼을 발족하여 운영 중이다. 주요 참여 기관으로는 환경부, 외교부, 국립기상과학원, 한국환경연구원, 국가녹색기술연구소 등이 있다.

2017년부터 포럼을 최신 IPCC 동향 전파 및 논의를 위한 전체포럼과, 세부주제에 대한 심도 있는 논의를 위한 분과위원회로 구성하여 IPCC 현안에 맞게 시기 적절하게 대응하고 있다. 2018년제 48차 IPCC 총회를 인천 송도에서 개최하였으며 「1.5℃ 특별보고서」를 승인하였다.

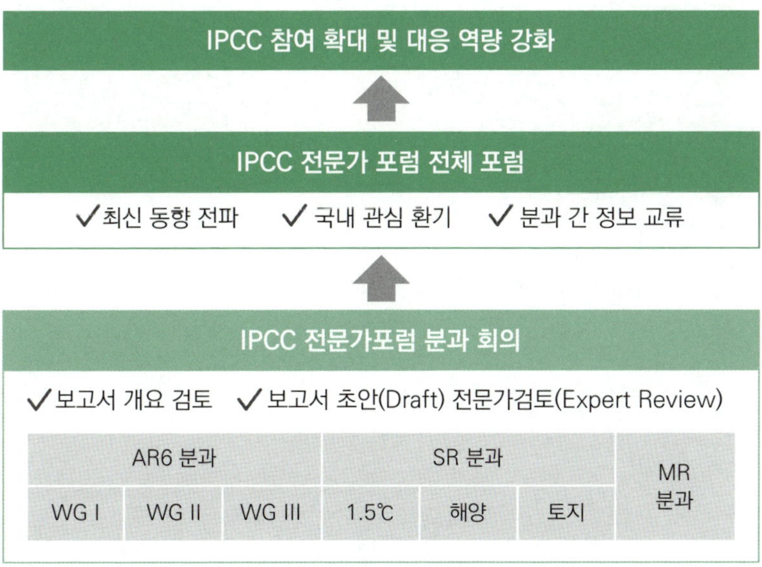

17

탄소배출권 개발사업의 시장규모, 방식과 특징은 무엇인가요?

17

탄소배출권 개발사업의 시장규모, 방식과 특징은 무엇인가요?

핵심요약

* 청정개발체제(CDM)란?

온실가스 감축 의무가 있는 선진국이 개발도상국에 투자하여 시행한 사업에서 발생한 감축분을 감축실적으로 인정하는 제도(교토 의정서 Kyoto Protocol, 제 12)이다. 온실가스 감축 의무가 있는 선진국에게는 비용 효과적인 온실가스 감축을, 개발도상국에게는 환경적·경제적 자원을 동시에 제공할 수 있는 사업 체계이다.

*교토 의정서 제 12항 2조란?

- 청정개발체제는 부속서 I에 포함되지 않은 당사자가 지속가능한 개발을 달성하고 협약의 궁극적 목적에 기여할 수 있도록 지원하며, 부속서 I의 당사자가 제 3조의 규정에 의한 수량적 배출량의 제한을 준다. 감축을 위한 공약을 준수할 수 있도록 지원하는 것을 목적으로 한다.

탄소배출권 개발사업의 개념

탄소배출권 개발사업은 온실가스를 줄이는 활동을 통해 '탄소 감축 실적(=배출권)'을 만들어내는 사업이다. 예를 들어, 나무를 심거나 태양광, 풍력 같은 친환경 에너지 시설을 지으면 이산화탄소를 줄일 수 있는데, 이런 활동을 통해 감축된 탄소량을 '탄소배출권(Credit)'으로 발행해 거래하는 것이 바로 탄소배출권 개발사업이다.

주로 개발도상국에서 시행되며, 선진국은 이를 통해 국제적으로 인정받은 감축 실적을 얻는다. 이는 청정개발체제(CDM) 및 공동이행제도(JI)와 같은 국제적 제도에 따라 이루어진다. 교토의정서 제12조에서는 선진국이 개발도상국에서 탄소배출을 감축하는 프로젝트에 투자해 CERs라는 배출권을 발급받을 수 있도록 규정하고 있다. CDM 사업을 통해 선진국은 비용 효과적인 감축을 실현하고, 개발도상국은 경제적·기술적 지원을 받을 수 있다.

CDM(청정개발체제)이란?

선진국이 개발도상국에서 친환경 사업에 투자해서 감축한 온실가스를 실적으로 인정받는 제도로, Clean Development Mechanism의 약자이다. 선진국은 돈을 들여 친환경 발전소를 지어주고, 그 나라에서 줄어든 탄소를 자신의 감축 실적으로 가져가는 것으로 이해할 수 있다. 선진국 입장에서 CDM은 비용을 덜 들이고 탄소 감축 실적을 만들 수 있고, 개발도상국 입장에서는 선진국 자본과 기술을 받아 경제 발전과 환경 개선을 동시에 이룰 수 있다는 점에서 의미가 있다.

CDM 사업은 어떻게 진행되나요?

- Step 1. **프로젝트 발굴**: 예를 들어, 브라질에 소규모 수력발전소, 바이오가스를 이용한 발전소를 짓는 계획
- Step 2. **국가 승인기관(DNA)에서 승인**: 해당 프로젝트가 환경에 도움이 되니 진행해도 좋다는 허가를 받음.
- Step 3. **국제 인증기관(DOE)에서 검증**: 실제 탄소를 얼마나 줄였는지 확인을 받음.

- **Step 4. UN 산하 CDM 집행위원회에서 인증**: 확인이 끝나면 CERs(Certified Emission Reductions) 배출권을 발행
- **Step 5. 거래 및 수익화**: 발행된 배출권은 탄소배출이 많은 기업에게 판매하거나, 기업 자체에서 감축 실적으로 사용

CDM은 태양광/풍력 발전, 폐기물 에너지화, 에너지 효율 향상, 산업 공정 개선, 농업/임업(예: 조림, 산림보존), 바이오에너지 등 다양한 분야에서 진행되고 있다.

최근 탄소배출권 개발사업의 대표적인 사례로는 인도 아루나찰 소수력 발전 프로젝트를 들 수 있다. 이 프로젝트는 인도 북동부의 아루나찰 프라데시 주에서 추진된 것으로, 총 3MW 규모의 소수력 발전소를 건설하여 재생에너지 기반의 전력을 생산하는 사업이다. 해당 프로젝트는 2022-2023 회계연도에 Universal Carbon Registry(UCR)로부터 인증을 받아 정식으로 탄소배출권(탄소 크레딧)을 발행할 수 있게 되었다.

이 프로젝트는 단순한 재생에너지 보급을 넘어서 탄소 감축 실적을 바탕으로 크레딧을 확보하고, 이를 탄소시장에 공급함으로써 수익 창출이 가능한 구조를 형성한 점에서 의의가 크다. 아울러, 지역 사회에는 안정적인 전력을 공급하고, 친환경 인프라 확대를 통해 에너지 전환과 지역 경제 활성화에도 긍정적인 영향을 미쳤다. 이러한 유형의 프로젝트는 개발도상국이 자발적 탄소시장에서 주체적으로 참여할 수 있는 기반을 마련하고, 글로벌 기업들이 이를 통해 배출권을 확보할 수 있는 상생형 감축 모델로 주목받고 있다.

CDM 관련 기구

기구명	역할
DNA (국가 승인기관)	프로젝트를 승인함 (Letter of Approval, LoA 발급)
DOE (국제 인증기관)	UNFCCC CDM 집행위원회(EB)에서 지정하는 국제 공인 CDM 검인증기관으로 CDM 사업 계획의 타당성 확인, 사업에 의한 감축실적 검증을 수행함.
CDM 집행위원회	UNFCCC하 CDM 총괄업무, CDM 룰 제정, DOE 지정 COP/MOP에 건의 등 수행함.

CDM 사업 종류

CDM 사업은 다음과 같은 총 15개 분야로 분류된다.

No	분야	
1	에너지 산업	Energy Industries (renewable/Non-renewable sources)
2	에너지 공급	Energy distribution
3	에너지 수요	Energy demand
4	제조업	Manufacturing Industries
5	화학산업	Chemical Industries
6	건설	Construction
7	수송	Transport
8	광산/광물	Mining.Mineral production
9	금속산업	Metal production
10	연료로부터의 탈루배출	Fugitive emission from fuels (solid, oil and gas)

No	분야	
11	할로겐화탄소, 육불화황 생산 및 소비로부터의 탈루배출	Fugitive emission from production And consumption of halocarbons And sulphur hexafluoride
12	용제 사용	Solvents use
13	폐기물 취급 및 처리	Waste handling and disposal
14	조림 및 재조림	Afforestation and reforestation
15	농업	Agriculture

CDM 사업 추진체계

CDM 사업 추진체계는 다음과 같다.

단계	내용	주체
1단계	CDM 사업계획	사업참여자
2단계	CDM 사업계획 (PDD) 작성	사업참여자
3단계	국가승인기구(DNA) 승인 획득	DNA
4단계	타당성 확인 (Vaildation)	DOE
5단계	등록 (Registration)	CDM EB
6단계	모니터링	사업참여자
7단계	검/인증 (Verification and Certification)	DOE
8단계	배출권 발급 (Issuance of CERs)	CDM EB
9단계	CERs 배분 (Distribution of CERs)	사업참여자

탄소배출권 시장의 규모와 전망

2020년 기준 자발적 탄소시장은 약 3억 6천만 달러 규모였지만, 2030년에는 500억 달러(약 72조 원)까지 성장할 것으로 예상된다. 전 세계적으로 기업들이 넷제로(탄소중립)를 목표로 삼으면서 탄소배출권에 대한 수요가 크게 증가하고 있다. 기업들이 탄소중립 목표를 달성해야 할 법적·사회적 압박이 커지고 있고, 배출권 가격이 계속 오르고 있기 때문에 빨리 확보해서 이득을 보려는 전략을 취하고 있다. 또한, 중개 및 파생상품 개발 외에도, 자발적 탄소시장의 확대로 배출권 신규 창출이 중요한 역할을 하게 되어, 주요 금융기관들이 탄소배출권 프로젝트 개발 및 창출을 위한 자본 투자 및 플랫폼 구축에 참여하고 있다.

18

REDD+는 무엇인가요?

18

REDD+는 무엇인가요?

핵심요약

* REDD+란?
개발도상국에서 산림전용과 산림황폐화로 인한 온실가스 배출을 줄이고, 산림보전, 지속가능한 산림경영, 산림 탄소축적 증진을 통해 감축을 달성하려는 체계

REDD+ 정의 및 주요 범위

REDD+는 Reducing Emissions from Deforestation and forest Degradation, plus의 약자로, 개발도상국의 산림전용 및 산림황폐화로 인한 온실가스 배출을 감축하고, 나아가 산림의 보전, 지속가능한 산림경영, 산림 탄소흡수량 증진을 통해 기후변화 완화에 기여하는 국제적인 메커니즘으로, 다음의 활동을 포함한다.

- 산림전용 방지(Deforestation)
- 산림황폐화 방지(Degradation)
- 산림보전(Conservation)
- 지속가능한 산림경영(Sustainable Forest Management)
- 산림 탄소흡수력 증진(Enhancement of Forest Carbon Stocks)

활동	의미	예시
산림전용으로 인한 온실가스배출 감축	산림의 타용도 전환 (산림전용) 방지	농업, 거주, 기반시설 등에 의한 산림전용 방지활동
산림황폐화로 인한 온실가스배출 감축	산림탄소축적 소실 (산림황폐화) 방지	과도한 벌채, 연료채취 등 방지활동
산림탄소축적 보전	산림보전을 위한 활동	보호구역 확대
산림의 지속가능한 경영	산림탄소중립 유지·강화	지속가능한 산림경영 이행 강화
산림탄소축적 증진	非산림의 산림으로 전환 혹은 산림의 탄소축적 강화	신규·재조림, 산림복원

REDD+ 배경

- 2005년, 코스타리카와 파푸아뉴기에서 개도국의 산림전용으로 인한 온실가스 감축(Reducing Emissions from Deforestation, RED) 제안 및 논의 시작
- 2007년 COP13, RED 활동뿐 아니라 산림보전, 지속가능한 산림경영, 산림탄소축적 증진 활동 (REDD+)까지 확장
- 2010년 COP16, 칸쿤 합의문 채택을 통해 REDD+ 참여를 위한 4대 이행조건 등 명시
- 2013년 COP19, REDD+ 방법론에 대한 최종 합의로 바르샤바 REDD+ 프레임워크 완성
- 2015년, 파리협정 5조에 REDD+ 이행 및 지원 촉진을 별도 조항으로 명시

REDD+의 이행 단계

- **1단계) 준비 단계**(Readiness): 국가전략/행동계획 수립, 역량배양, 정책마련 등 활동을 실시
- **2단계) 이행 단계**(Implementation): 준비단계를 토대로 시범사업, 역량배양, 기술개발 이전 등 활동을 실시
- **3단계) 결과기반 보상단계**(Results-Based Payments, RBPs): 국가수준으로 이행된 REDD+ 온실가스감축결과물에 대한 보상이 이루어지는 단계

REDD+ 필수 구성요소

REDD+를 실질적으로 운영하기 위해서는 다음과 같은 제도 기반이 요구된다.

- **국가전략**(National Strategy, NS) **또는 행동계획**(Action Plan, AP): 산림전용 및 황폐화 원인, 토지 소유권 문제, 산림 거버넌스, 젠더 고려사항, 안전장치, 이해관계자 참여 등의 내용을 포함한 REDD+ 이행전략 및 계획 수립 등을 포함
- **산림(배출)기준선**(Forest Referent (Emission) Level, FR(E)L): 과거 일정 참조기간 동안의 산림전용 및 산림황폐화로 인한 탄소배출(흡수)량의 평균치로 REDD+ 활동 이행 성과를 평가하는 기준선 설정(이산화탄소 환산톤(tCO_2eq)으로 표시, 기준선 이하 감축량을 감축결과로 인정)
- **국가산림모니터링시스템**(National Forest Monitoring System, NFMS): REDD+ 활동 이행에 대해 측정·보고·검증(Measurement·Reporting·Verification, MRV)이 가능하도록 국가산림 데이터와 정보를 제공하는 시스템 구축
- **안전장치**(safeguards): 토착민 권리 보호, 생물다양성 보전, FPIC 절차 확보

REDD+의 기대효과

- **국가온실가스감축 기여**: 신기후체제에서 REDD+를 통한 온실가스 감축량을 자국의 국가결정기여(Nationally Determined Contribution, NDC) 달성에 활용 가능
- **인센티브**: REDD+ 이행 개도국은 산림전용 및 황폐화방지 노력을 통한 온실가스 감축결과에 대해 선진국 및 국제기구(GCF, FCPF 등)로부터 결과기반보상을 제공받을 수 있음.
- **탄소배출권**: 자발적 탄소시장 이행체계에 따라 이행된 REDD+ 사업의 감축량은 탄소배출권으로 발행하여 개인 및 기업의 탄소중립 등에 활용 가능
- **비탄소편익**: 생물다양성 보전, 생태계서비스 증진, 대기환경 개선, 지역주민의 대체소득 발굴을 통한 빈곤완화 및 생계개선 등의 비탄소 혜택을 얻을 수 있음.

주요 국내 사례: 한-캄보디아 REDD+ 시범사업

산림청은 2012년부터 인도네시아를 시작으로, 메콩지역의 캄보디아, 미얀마, 라오스 3개국에서 REDD+ 시범사업을 이행하였다.

국가명	사업지역	면적(ha)	사업기간
인도네시아	리아우주 깜빠르	14,743	'13~'16
캄보디아	깜풍톰주 산단, 산둑지구	41,196	'15~'22
미얀마	동부 바고요마 북자마이	72,695	'16~'22
라오스	참파삭주 동호사오 보호림	110,000	'18~'22

- 한-캄보디아 시범사업은 '온실가스 65만tCO2 감축('20.9)' 성과를 달성함으로써 시범사업 중 최초로 사업의 전 과정을 이행하여 배출권 발행에 성공.

* 사업시행('15)→사업설계서 개발·검증('18.8)→모니터링보고서·인증·배출권 확보('20.9).

■ 승용차 34만 대가 연간 배출하는 온실가스를 흡수하는 규모의 감축 효과가 있음(승용차 에너지효율 3등급 기준(복합연비 13.1km/l, 연 주행거리 15,000km 가정).

■ 탄소배출권 65만tCO_2는 평균보상금으로 환산 시 323만 달러의 가치가 있음(※ 녹색기후기금(GCF)에서 적용한 결과기반보상 기준(톤당 5불) 적용).

■ 지역 주민의 삶의 질 향상 및 멸종 위기종 등 생물 다양성 보존에 기여(※ 조류 64종, 포유류 25종, 양서류 등 2종 보존(조류 2종, 포유류 9종이 멸종 위기)

■ 산림청 시범사업은 자발적 판매시장 기준인 VCS에 근거하여, ① 사업설계서 개발·검증, ② 현장사업 이행, ③ 모니터링·인증, ④ 배출권 발행, ⑤ 배출권 분배(확보, 판매, 재투자 등 활용)순으로 추진

19

CORSIA는 무엇인가요?

19

CORSIA는 무엇인가요?

핵심요약

* CORSIA(Carbon Offsetting and Reduction Scheme for International Aviation)란?

국제민간항공기구(ICAO)가 2016년 제39차 총회에서 채택한 국제항공 온실가스 감축 제도이다. 본 제도는 2020년 이후 증가하는 국제항공 부문의 이산화탄소 배출량을 2020년 수준으로 동결하는 것을 목표로 한다. 이를 초과한 배출량에 대해서는 항공사가 인증된 탄소배출권을 구매하여 상쇄(offset)하도록 요구한다.

CORSIA는 국제항공 부문에서 기술개선, 운영효율화, 지속가능한 항공연료(SAF)의 도입 등으로 감축하기 어려운 배출량을 탄소시장을 활용하여 보완하는 '시장 기반 조치(MBM, Market-Based Measure)'의 일환이다.

CORSIA 탄생 배경

■ 항공기의 높은 배출 특성: 항공기는 운송수단 중 탄소 배출량 1위를 차지하는데, 기후 변화에 관한 정부 간 협의체(IPCC)가 1999년 발표한 보고서에 따르면, 항공기의 이산화탄소 배출량은 전체 배출량의 2%를 차지

■ 기후변화 대응 국제논의의 확대: 1995년 기후변화협약에서 국제항공 배출량의 할당 방법 및 관리방안을 다루기 시작하면서 논의가 시작되었으나, 논의가 진전되지 못하다가 2006년 말 EU의 국제항

공 ETS 도입계획 발표 후 ICAO에서 다시 감축 문제에 대한 논의가 진전이 있었음.

- EU ETS(배출권거래제) 확장에 대한 반작용: 유럽연합(EU)이 2012년부터 국제항공에도 자국 ETS 적용을 시도하자, 글로벌 갈등이 발생했고 이에 따라 ICAO는 통합적이고 중립적인 감축 체계를 마련

주요 운영방식

- **MRV 체계**(Monitoring, Reporting, Verification): 항공사는 매년 배출량을 측정하고 보고해야 하며, 제3자의 검증을 거쳐 ICAO에 제출한다.
- **상쇄 의무**(Offsetting Requirement): 2021년 이후부터 항공사는 기준연도(2019-2020년)의 평균 배출량을 초과한 부분에 대해 상쇄의무를 이행해야 한다.
- **배출권 인정 기준**: CORSIA는 인증된 탄소배출권 프로그램만을 인정하며, Verra(VCS), Gold Standard, ART TREES, ACR, CAR 등의 프로그램이 이에 포함된다.
- **지속가능한 항공연료**(Sustainable Aviation Fuel, SAF)도 배출 감축 수단으로 인정되며, 인증된 연료 사용량만큼 배출 상쇄로 인정받는다.

| 제도 구조

단계	기간	참여 의무	설명
시범단계	2021-2023	자발적	MRV 체계와 배출량 보고 준비 중심
1단계	2024-2026	자발적	실제 배출 상쇄 의무 발생
2단계	2027-2035	의무적 (일부 제외국 존재)	모든 ICAO 회원국 중 일부 제외국을 제외하고 의무 참여

■ 최신 동향

- ICAO는 2024년부터 SAF 사용량 보고 체계를 강화하고, CORSIA Phase 2(2027~2035)의 강제 참여 대상국 확대를 예고하였다.
- CORSIA 적용 항공사 수는 전 세계 약 100여 개국, 300개 이상 항공사로 추정되며, CORSIA 상쇄용 배출권 시장은 자발적 탄소 시장(VCM)과 연결되어 급성장 중이다.
- 2023년 ICAO 보고서에서는 2020년 대비 국제항공 배출량이 회복세를 보이고 있으며, 2025년에는 팬데믹 이전 수준을 회복할 것으로 전망된다.
- 대한민국은 2016년 9월 CORSIA 참여를 공식 선언하였으며, 2021년부터 시범단계에 참여 중이다. 국토교통부와 환경부는 항공사 관리 및 MRV 보고, SAF 확대 전략 등을 통해 대응 체계를 구축하고 있다. 또한 항공사들은 연료 소비량 산정, 배출량 보고, 검증기관 등록 등의 실무 절차를 이행 중이다.

20

탄소배출권은 어떻게 인증받을 수 있나요?

20

탄소배출권은 어떻게 인증받을 수 있나요?

핵심요약

* 탄소배출권 인증이란?

자발적인 감축 활동을 통해 생성한 탄소 상쇄 크레딧(carbon offset credits)은 공신력있는 인증기관의 평가 및 검증을 거쳐야 하며, 이는 탄소시장의 신뢰성과 투명성 확보를 위한 핵심 요소이다.

탄소배출권 인증기관

탄소배출권 인증기관은 온실가스 감축 프로젝트의 실효성, 투명성, 추가성 등을 평가하여 탄소 크레딧을 인증·발행하는 역할을 한다. 이들은 온실가스 감축 활동이 실제로 이루어졌는지를 측정, 보고, 검증(MRV: Monitoring, Reporting, Verification)하고, 기준을 충족한 경우에만 인증을 부여한다. 자발적 탄소시장(VCM)에서 널리 인정받는 4대 주요 인증기관은 다음과 같다.

구분	Verra	Gold Standard	CAR	ACR
설립연도	2006	2003	2001	1996
본사 위치	미국 워싱턴 D.C.	스위스 제네바	미국 캘리포니아	미국 워싱턴 D.C.

구분	Verra	Gold Standard	CAR	ACR
주요 인증제도	VCS (Verified Carbon Standard)	GS for the Global Goals	Climate Action Reserve	American Carbon Registry
인증 프로젝트 유형	산림보전, 재생에너지, 농업 등	재조림, 폐기물 처리, 커뮤니티 기반 개발	에너지 효율, 산림 보전 등	탄소 포집, 숲 관리, 메탄 감축 등
특징	가장 널리 사용되는 인증기관, 전 세계 프로젝트 다수 보유	환경적·사회적 통합 효과 중시, NGO 중심	북미 중심의 신뢰도 높은 기준	최초 GHG 등록기관, 규제·자발적 시장 모두 대응
누적 인증 크레딧	약 9.3억 톤 CO_2eq 이상	약 1.7억 톤 CO_2eq 이상	약 1.5억 톤 CO_2eq 이상	수천만 톤 이상 (2023년 기준)
시장 점유율	약 68.5%	약 20.1%	약 8.3%	약 3.1%

*수치는 최근 공개된 2023년 자료 기준 추정.

인증기관의 역할과 과제

탄소배출권 인증기관은 단순히 온실가스 감축량을 확인하는 역할을 넘어, 자발적 탄소시장의 신뢰성과 실효성을 보장하는 핵심 기구로 기능한다. 이들은 감축 프로젝트가 실제로 환경적 효과를 창출했는지 검증할 뿐 아니라, 그러한 효과가 없었더라면 발생했을 법한 배출량과 비교하여 '추가성(Additionality)'을 입증해야 한다. 즉, 인증기관이 없었다면 해당 감축활동이 존재하지 않았을 것이라는 점을 기술적 근거를 바탕으로 판단하는 것이다.

또한, 인증기관은 감축된 탄소가 장기적으로 유지될 수 있는지(Permanence)를 평가하며, 한번 감축된 온실가스가 이후 다시 배출되지 않도록 구조적인 안정성을 검토한다. 아울러 정확한 산정(Robust Quantification)은 인증기관의 핵심 역할 중 하나로, 객관적이고 과학적인 방법론을 통해 감축량을 정량화하고 투명하게 보고하도록 요구된다.

중복성 방지(No Double Counting) 또한 중요한 과제이다. 동일한 감축 실적이 두 개 이상의 시장 참여자에게 이중으로 보고되거나 사용되지 않도록 인증기관은 데이터의 일관성과 독립성을 보장해야 하며, 이를 위해 제3자에 의한 검증(Third-party Validation) 체계를 운영한다. 인증기관은 프로젝트 수행 주체와 독립적으로 검토를 수행함으로써 이해상충을 방지하고 공정성을 유지한다.

아울러, 인증기관은 단지 탄소 감축만이 아니라 해당 프로젝트가 지역사회와 생태계에 미치는 긍정적인 효과까지도 고려하여, 지속가능성(Sustainable Development) 기준에 부합하는지 여부를 평가한다. 이는 탄소 프로젝트가 지역 경제, 건강, 생물다양성 보전 등 다양한 공동편익을 수반하도록 유도하는 역할을 한다.

마지막으로, 인증기관은 전체 탄소시장의 건전성과 신뢰성을 확보하기 위해 거버넌스 체계를 엄격히 유지해야 한다. 인증 과정의 절차적 투명성, 이해관계자의 참여, 의사결정 구조의 독립성 등이 확보되어야 하며, 이를 통해 국제적인 신뢰를 구축하고 지속가능한 탄소시장의 기반을 마련할 수 있다.

21

KOC(Korean Offset Credit)는 무엇인가요?

21 KOC(Korean Offset Credit)는 무엇인가요?

핵심요약

* KOC란?
  한국의 온실가스 배출권 거래제(K-ETS) 외부사업을 통해 발행된 온실가스 감축 인증실적이다.

배출권 시장 거래 사례(IBK 탄소은행 사례)

KOC(Korean Offset Credit)는 한국의 온실가스 배출권거래제(K-ETS) 외부사업[1]을 통해 발행된 온실가스 감축 인증실적이다. 즉, 온실가스 배출권 할당을 받지 않은 조직이 조직경계 외부에서 온실가스를 감축한 경우, 이를 정부가 인정한 방법론에 따라 인증받아 발급받을 수 있다. 이를 통해 비할당대상업체도 탄소감축 기여와 시장 참여가 가능하며, 할당대상업체는 이를 구매해 KCU(Korean Credit Unit)로 전환하여 자사 감축 실적으로 활용할 수 있다. 온실가스를 감축, 흡수 또는 제거하여 취득한 상쇄사업의 인증 감축량은 다음과 같다.

※ 외부사업 시행으로 발생한 인증실적의 단위: KOCs(Korean Offset Credits)
1 KOC = 1 이산화탄소상당량톤(tCO2-eq) = 1KAU (Korean Allowance Unit)

1 배출권거래제 할당대상업체 조직경계 외부의 배출시설 또는 배출활동 등에서 국제적 기준에 부합하는 방식으로 온실가스를 감축, 흡수 또는 제거하는 사업.

KOC 구조와 특징

구분	설명
KOC	외부사업 감축 실적 인증단위 (1KOC = 1톤 CO_2-eq)
KCU	KOC를 상쇄배출권으로 전환한 것. K-ETS 감축목표 이행 시 사용
KAU	정부로부터 할당받는 배출권 (Korea Allowance Unit)

- 한국형 배출권 거래제의 할당 대상 업체는 K-ETS 의무 준수를 위해 내부 온실가스 감축활동 외에 실제 배출량을 줄이는 활동 중 배출권 거래시장을 통한 배출권을 활용할 수 있음.
- 할당 대상 업체는 정부에서 사전에 결정한 할당량에 상응하는 배출권 수량을 KAU 단위로 할당 받으며, 경계 외부에서 수행된 온실가스 감축실적은 KOC로 받음.
- KOC는 장내(거래소) 및 장외(직접계약)를 통해 거래할 수 있고, 상쇄 비율은 할당량의 최대 5%까지 인정되며, 이행연도별로 제한됨.

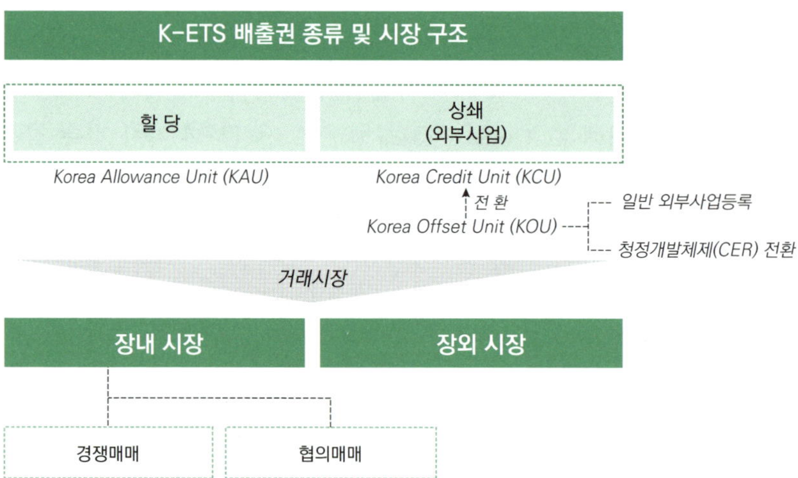

- 위 그림과 같이 ETS상의 의무준수를 위해 KOC를 이용할 경우 상쇄 배출권인 KCU로 전환해서 사용해야 함(KOC는 인증 후 2년 이내 KCU로 전환 신청해야 유효).

KOC 외부사업 등록 기준

외부사업은 할당대상업체 조직경계 외부에서 자발적으로 추진되는 온실가스 감축, 흡수, 제거 사업으로, 온실가스 배출원을 근본적으로 제거하거나 개선하는 활동을 포함해야 하며, 다음 세부조건을 충족해야 한다.

- 할당대상업체 조직 경계 외부에서 자발적으로 시행하는 사업
- 탄소감축실적이 의무적인 감축 이행 과정에서 발생된 것이 아니어야 함.
- 일반적인 경영여건에서 실시할 수 있는 행동 이상의 추가적인 행동 및 조치에 의한 사업
- 지속적으로 정량화되어 방법론을 적용해야 함.
- 사업시작일이 2010년 4월 14일(저탄소 녹색성장법) 이후에 발생된 사업
- 법적·제도적 추가성 요건 만족
- 단순한 행태변화가 없어야 함.
- 배출 시설의 이전이 없어야 함.
- 배출활동을 외부에 위탁하지 아니하여야 함.
- 감축실적의 재정적 보상이 없어야 함.

예시

할당대상업체인 'A'업체의 사업장 조직경계 내 운송시설을 저배출 운송시설로 교체하는 사업

사업경계 측면

할당대상업체 조직경계 내 외부사업은 추진 불가

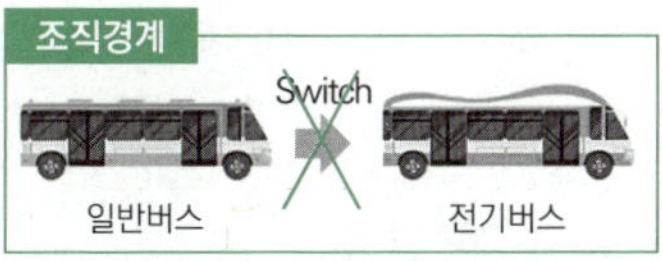

예시

2010년 4월 14일 이전에 수행 사업: A
2010년 4월 14일 이후에 수행 사업: B

법률기반 측면

A사업 등록 추진 가능: 감축량 인증 불가(~2017년까지)
B사업 등록 추진 가능: 감축량 인증 신청 가능

수송부문 KOC 외부사업 사례

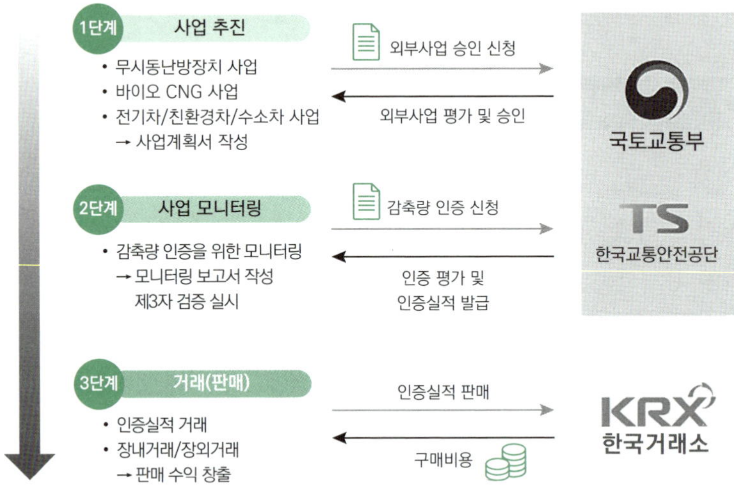

1. 전기차 도입

■ 기존 화석연료 차량을 전기차로 전환하여 감축한 온실가스를 KOC로 인증

■ 동일한 서비스(운송 거리, 용도 등) 유지 조건 충족 시 적용 가능

2. 무시동 난방장치 설치

■ 겨울철 공회전을 줄이기 위해 무시동 난방기를 장착하여 연료 소모 절감

■ 그에 따른 감축량을 인증

3. 바이오 CNG 연료 사용

■ 음식물 폐기물 등을 바이오가스로 전환해 생산된 바이오 CNG를 대중교통에 공급

■ 기존 LNG 기반 CNG 대체로 인한 감축 효과 인증

외부사업 감축량의 인증 및 전환 절차

외부사업을 통해 감축한 온실가스를 KOC로 인증받고, 이를 다시 KCU로 전환하기 위해서는 일정한 절차를 따라야 한다. 먼저, 외부사업자는 정부에 해당 온실가스 감축사업을 공식적으로 등록해야 하며, 등록 이후 사업은 모니터링 계획에 따라 운영되어야 한다. 일정 기간 동안의 감축 실적이 축적되면, 이를 기반으로 제3자 검증기관의 검증을 받아야 하며, 이 검증 결과를 포함하여 KOC 인증 신청서를 제출하게 된다.

정부는 해당 감축량이 적절한 방법론에 따라 산정되었는지, 추가성(Additionality)과 영구성(Permanence) 등 기준을 충족하는지를 평가한 후 KOC를 발행한다. 이렇게 인증받은 KOC는 발행일로부터 2년 이내에 KCU로 전환해야 하며, 이때 전환 비율이나 조건은 정부가 제시한 상쇄 제한 기준에 부합해야 한다. 전환하지 않은 KOC는 사용이 불가능해지므로, 기업은 기간 내 전환 계획을 사전에 수립해야 한다.

최근 제도 변화 및 유의사항

제3차 계획기간(2021~2025년)에 접어들며, 외부사업의 인정 범위와 KOC 인증 기준이 크게 강화되었다. 우선, 해외 감축사업의 인정은 대부분 제한되며, 과거에는 널리 인정되었던 해외 CDM 사업도 현재는 국내에서 수행된 CDM만 일부 인정된다. 이에 따라 국내 기업은 해외보다는 국내 기반의 외부사업 발굴에 집중할 필요가 있다.

또한, KOC 인증 요건도 강화되어, 인증 신청 시점 이전에 완료된 감축 실적은 더 이상 인정받을 수 없다. 즉, 감축 실적은 반드시 인증유효기간 시작일 이후에 발생한 것이어야 하며, 소급 적용은 불가능하다. 이로 인해 외부사업자들은 감축 활동 시작 시점과 인증 시점의 연계를 명확히 관리해야 한다.

또한, 공공부문이 포함된 외부사업(예: 지방자치단체 또는 공공기관이 주체가 되는 사업)의 경우, 상업성과 공공성의 균형 문제로 인해 인증 심사 기준이 더욱 엄격하게 적용되고 있다. 감축 실적의 실효성, 이중 지원 여부, 사업 지속가능성 등이 보다 정밀하게 검토되므로, 공공주도형 외부사업은 초기 기획 단계에서부터 제도적 요건을 충분히 고려해야 한다.

22

TSVCM(자발적 탄소시장 확대를 위한 태스크포스)은 무엇인가요?

22 TSVCM(자발적 탄소시장 확대를 위한 태스크포스)은 무엇인가요?

핵심요약

* TSVCM의 핵심 목적은 자발적 탄소시장의 신뢰성과 규모를 동시에 강화하여, 기업들이 탄소중립 목표를 달성할 수 있도록 지원하는 것이다.

* 2030년까지 자발적 시장을 통해 5억 톤 규모의 크레딧이 거래되도록 유도하며, 배출권 톤당 $100을 목표로 하고 있다.

TSVCM 개요

TSVCM(Taskforce on Scaling Voluntary Carbon Markets, 자발적 탄소시장 확대를 위한 태스크포스)은 금융기관, 표준기구, 프로젝트 개발자, NGO, 학계 전문가 등 약 250개 기관과 300여 명 전문가가 참여하는 국제 컨소시엄이다. 2020년 가을, 전 영란은행 총재 마크 카니의 주도로 IIF(국제금융협회), Standard Chartered의 빌 윈터스 회장, 전 미국 SEC 위원 애넷 내저러스 등이 함께 설립했다. TSVCM의 핵심 목적은 자발적 탄소시장의 신뢰성과 규모를 동시에 강화하여, 기업들이 탄소중립 목표를 달성할 수 있도록 지원하는 것이다.

주요활동 및 기능

1. 핵심 탄소원칙(CCPs) 개발

2023년 3월 ICVCM(Integrity Council)이 채택한 Core Carbon Principles(CCPs)는 자발적 탄소시장에서 배출권의 품질 기준이 된다. 총 10가지 원칙(예: 부가성, 영구성, 투명성, 거버넌스 등)으로 구성되어 있으며, 2024년 5월에 Assessment Framework를 통해 구체적 기준이 마련되었다. TSVCM은 CCPs를 기반으로 고품질 배출권에 CCP 라벨 부여를 지원하며, 2026년부터 시장에 본격 적용 예정이다.

2. 거버넌스 구조 구축

ICVCM는 독립 비영리 거버넌스 기구로, 250개 기관이 참여하며 12개 이상 국가를 대표하는 이사진 22명(남반구 반 이상 포함)이 활동한다. 민·관·표준 기관 등 다양한 이해관계자 참여를 기반으로 투명한 운영, 상설 감독, 이해충돌 방지 구조를 구축 중이다.

3. 시장 인프라 설계와 법적 표준

TSVCM은 참조 계약(core carbon reference contracts) 및 가격 지표 개발, 법적 계약 프레임워크 마련을 목표로 하는데, 이는 유동성 있는 거래 및 가격 안정을 유도하는 기반이다.

4. 인프라 확장 및 플랫폼 지원

금융기관 주도로 거래 플랫폼, 가격 표시 시스템, 사후 거래 인프라 확장 작업이 진행 중이다. 이를 통해 민간 자본이 자발적 시장에 진입할 기반을 마련하고 있다.

최신 동향

- CCPs Assessment Framework가 2024년 5월 공식 발표됐고, 이후 다수의 배출권 기준(예: 재생에너지, 산림 등)이 CCP 승인 절차를 진행 중
- ICVCM은 2026년부터 CCP 라벨 적용, 이후 정기적 Continuous Improvement를 통해 기준을 업그레이드 예정
- 미국, EU, 영국 등 주요 국가가 이미 VCM 정책 및 규제 방향을 정비하여 TSVCM 기준 도입 움직임이 가속화. 2024년 6월, 미국 행정부는 VCM의 엄격한 무결성 기준 지정, MMRV 체계 확립, 구매·사용·소각 내역 공개를 제도화하도록 정책 성명서를 발표

23

ITMO(Internationally Transferred Mitigation Outcomes)는 무엇인가요?

23 ITMO(Internationally Transferred Mitigation Outcomes)는 무엇인가요?

핵심요약

* ITMO란?

파리협정 제6조에 근거해 국외감축사업을 통해 크레딧을 구매하는 것뿐만이 아니라, 국내감축사업을 통해 크레딧을 해외로 판매하는 것을 인정하는 거래 메커니즘이다.

ITMO 개념

ITMO(Internationally Transferred Mitigation Outcomes)는 파리협정 제6조에 근거해, 한 국가가 타국에서 온실가스 감축 활동을 수행하고 이를 자국의 감축 실적으로 인정받을 수 있도록 허용하는 국제 감축분 거래 메커니즘이다. 즉, 국가 간 협력으로 감축된 온실가스 실적을 국제적으로 이전·거래하여 자국의 국가 온실가스 감축목표(NDC) 달성에 활용할 수 있도록 한 제도이다.

이전의 교토의정서 시대의 청정개발체제(CDM)와 유사하지만, 양국 간의 동의와 회계처리의 투명성, 지속가능한 개발 공헌 여부 등이 보다 엄격히 요구된다. ITMO는 국외 감축 실적을 활용할 수 있게 하면서도, 감축 실적의 중복 계산 방지(avoidance of double counting), 지속가능성 보장, 상호 승인의 원칙을 따른다.

[ITMO가 발급될 수 있는 협력 활동 예시]

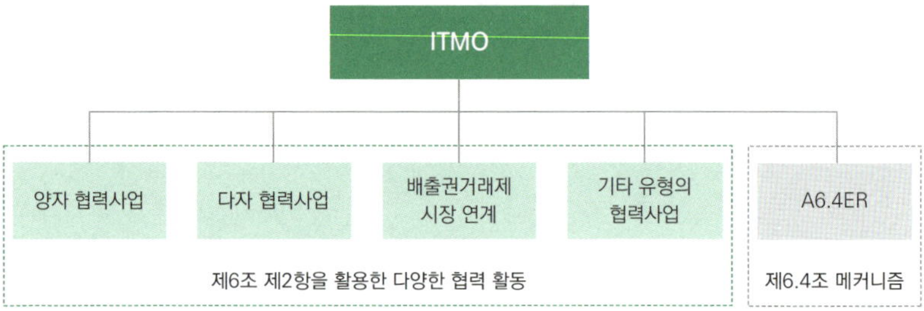

ITMO의 구조와 적용

- **이중 회계방지**: ITMO를 통해 이전된 감축 실적은 구매국만 NDC에 반영할 수 있도록 하여 감축 실적의 중복 반영을 방지
- **상호 승인**(Mutual Agreement): 크레딧을 생산하는 국가와 이를 구매하는 국가가 모두 동의해야 하며, 감축실적은 해당 국가의 온실가스 재고에 정식 반영
- NDC **달성을 위한 보완 수단**: 각국은 자국 내 감축이 어려운 경우, 해외 프로젝트를 통해 탄소 감축분을 확보하고 이를 활용할 수 있음.

국내 ITMO 추진 현황

우리나라는 2030년까지 전체 감축 목표(7억 2,760만 톤 → 4억 3,660만 톤)의 약 10.5%에 해당하는 3,350만 톤을 국외에서 감축해야 하며, 이를 위해 ITMO의 적극적 활용이 필수적이다. 산림청은 REDD+ 프로젝트(산림전용 및 황폐화 방지, 산림 복원 등)를 중심으로 캄보디아, 미얀마, 라오스 등지에서 ITMO 적합 사업을 추진 중이며, 환경부는 미얀마, 페루, 베트남 등 4개국과 양자협력을 통해 국외 감축 사업 기반을 넓혀가고 있다.

- **CDM 기반 해외사업**: 2021년 기준, 국내 기업이 보유한 CDM 등록사업은 124건
- **REDD+ 시범사업**: 산림청은 캄보디아, 미얀마, 라오스 등에서 시범사업을 통해 REDD+ 방식의 감축 실적 확보 추진
- **양자 협력 협정**: 베트남, 페루, 미얀마, 스리랑카 등과 ITMO 이행을 위한 양자 협정 체결 추진

주요국 사례

1) 일본

- 2013년부터 무상원조 예상으로 개발도상국 양자 간 탄소상쇄 협력사업(Joint Crediting Mechansim, JCM) 추진중
- 2022년 현재까지 17개국과 199개 해외 온실가스 감축사업 추진 중
- 2022년 기준 약 1억 톤 규모의 CO2 해외감축실적을 NDC 목표 달성에 활용

| 199개 JCM 사업 중 주요 2개 사업

유치국	사업 유형	운영주체 및 사업개발자	사업 분야	연간 감축량 (tCO2e)
사우디 아라비아	태양광 에너지	Marubeni Corporation(일본 민간 기업)Al Jomaih Energy & Water Company, Ltd., South Rabigh Renewable Energy Company (이상 (현지 민간 기업))	태양광 발전소설치	475,393

유치국	사업 유형	운영주체 및 사업개발자	사업 분야	연간 감축량 (tCO2e)
방글라데시	고효율 송전망	Power Grid Company of Bangladesh, Ltd. (현지 민간 기업), ADB	남서그리드 고효율 송전망 구축 및 역량 강화	230,000

주: 전체 사업 리스트는 JCM 웹사이트 참조.
자료: JCM, "Projects" https://gec.jp/jcm/projects/ (접속일: 2022. 5. 15).

2) 스위스

- 2021년 9월, 스위스 연방의회는 탄소배출량의 75%를 국내에서, 나머지 25%는 파리협정 제6조인 국제탄소시장 메커니즘을 활용하여 감축할 수 있도록 탄소법 전면 개정
- 2022 - 2030년 동안 해외에서 35백만 톤의 온실가스 감축실적을 달성하는 계획

| 스위스 국제탄소시장 해외 감축 사업 11개 중 주요 3개 사업

유치국	사업유형	운영주체 및 사업개발자	사업 분야	시행기간/ 감축량 (tCO2e)
가나	청정 에너지	가나 환경청 산하 환경보호기구(Environmental Protection Agency), KliK	태양광, 매립가스 발전, 고효율 스토브 설치	2021~2030/ 750,000
모로코	유기성 폐기물 바이오가스 에너지	First Climate(배출권 개발기업), GGGI(국제기구), MSConex(현지 민간 기업)	유기성 폐기물 열병합 발전사업	2023~2029/ 500,000

유치국	사업유형	운영주체 및 사업개발자	사업 분야	시행기간/ 감축량 (tCO2e)
세네갈	태양광 에너지	MANDU Consulting (스위스 민간 컨설팅펌)	태양광 전력 활용 전기차 충전 시설 보급	2022~2032 300,000

주: 전체 사업 리스트는 KliK Foundation 웹사이트 참조.
자료: Klik Foundation, "Activities" https://www.international.klik.ch/activities/mitigation-activities (접속일: 2022. 5. 15).

ITMO 향후 전망

- **글로벌 탄소시장 확대의 핵심 축:** 특히 REDD+를 포함한 산림 기반 사업은 ITMO 거래의 절반 이상(2020~2025년 기준 53%)을 차지할 것으로 전망되며, 2040년까지는 전체 거래량의 약 76%를 차지할 것으로 예상
- **ODA와의 연계 확대 필요:** 국제개발협력(ODA) 자금을 활용한 국외 감축사업 추진과 이를 ITMO로 전환하기 위한 법적·제도적 기반 마련이 핵심 과제
- **국가 회계 및 제도 인프라 정비 필요:** 감축 실적의 투명한 회계와 이중계산 방지를 위한 정교한 국가 회계시스템 및 보고체계 마련이 요구됨.

24

GEO, N-GEO, C-GEO란 무엇인가요?

24 GEO, N-GEO, C-GEO란 무엇인가요?

핵심요약

* GEO, N-GEO, C-GEO란?
Chicago Mercantile Exchange(시카고 상업거래소, CME 그룹)에서 출시한 탄소상쇄 선물 계약이다.

GEO, N-GEO, C-GEO 등 상품에 대한 배경

CME 그룹(시카고 상업거래소)은 자발적 탄소배출권 시장의 투명성과 유동성 강화를 위해 세 가지 주요 탄소상쇄 선물 계약을 출시하였다. 자발적 탄소시장의 표준을 만들어가는 글로벌 기준으로서, 이들 계약은 기업이 자사의 탄소 중립 계획을 실행할 때, 가격 리스크 헤지·유동성 확보·크레딧의 신뢰성 확보 등 여러 차원에서 유용한 금융 수단을 제공한다.

1) GEO (Global Emissions Offset)

- **출시:** 2020년 말
- **기반 크레딧:** Verra(VCS), American Carbon Registry, Climate Action Reserve
- **특징:** CORSIA(국제항공 이산화탄소 상쇄 프로그램) 기준에 부합하는 고품질 탄소 크레딧만 사용. 즉, 항공산업이 인정하는 신뢰도 높은 상쇄용 크레딧

2) N-GEO(Nature-based Global Emissions Offset)

- **출시:** 2021년 초
- **기반 크레딧:** Verra VCS 등록된 AFOLU(Agriculture, Forestry, and Other Land Uses, 농업·임업·기타토지 이용) 프로젝트 + CCB(Climate, Community, Biodiversity) 기준 인증
- **특징:** 자연 기반 탄소 흡수 프로젝트에 초점. 생물다양성, 지역사회 기여 등 지속가능성 요건을 충족해야 함.

3) C-GEO (Core Global Emissions Offset)

- **출시:** 2022년 3월
- **기반 크레딧:** Verra 등록된 기술 기반(에너지·재생에너지 등) 프로젝트, Core Carbon Principles(CCP) 기준에 부합
- **특징:** 비 AFOLU 기술 기반 프로젝트 중 가장 높은 신뢰성과 투명성을 갖춘 크레딧만 포함

공통특징: 실물 인수도와 선물 거래

- **실물 인수도 방식:** 각 계약은 1,000톤 단위로 실제 크레딧 인수도 가능
- **표준화와 익명성:** 글로벡스 시스템을 통해 실시간 가격 공개, 익명 거래 가능
- **계약 규격:** 월 단위 만기, GEO/N-GEO/C-GEO 모두 3-5년 선물 계약 가능, 트레일링(후행) 버전으로 과거 수종(vintage) 거래도 지원

| 계약별 차이점 비교

계약	주요 대상	등록 크레딧 종류	규제 기준	비고
GEO	항공·일반 기업	VCS, ACR, CAR	CORSIA 인증	가장 보급됨
N-GEO	농업, 임업 또는 기타 토지 이용(AFOLU) 등 자연기반 선호 기업	VCS AFOLU + CCB	생태 다양성 기준 포함	
C-GEO	고품질·기술 기반 프로젝트	Verra (기술 기반)	CCP 기준 충족	

시장 동향

- **거래 규모:** 2022년 12월 기준 이들 계약의 누적 거래량 20만 계약(약 2억 톤 상쇄 크레딧) 돌파
- **일별 거래 최고치:** 하루 평균 1,200건 이상 거래된 기록 존재

산업적 의미

- **가격 위험 회피:** 선물시장 기반의 정밀한 가격 시그널 제공 → 기업 및 투자자들이 신뢰할 수 있는 탄소 가격 형성 가능
- **유동성 확보:** CME의 중앙청산 및 실시간 거래 시스템 구축 → 높은 유동성과 익명성 확보
- **환경 무결성과 규제 대응:** 각 상품은 고품질 기준(CORSIA·CCP·CCB)을 적용해 저품질 크레딧 포함 우려를 줄임.

25

SD-GEO란 무엇인가요?

25

SD-GEO란 무엇인가요?

핵심요약

* SD-GEO란?

Sustainable Development Global Emission Offset의 약자이다. 세계 최대 환경 상품 현물 거래소인 Xpansiv의 CBL(CBL Markets)에서 거래되는 표준화된 자발적 탄소 상쇄 계약 중 하나로, '지속가능한 개발 목표(SDGs)'와 탄소 감축을 동시에 추구하는 고품질 상쇄 크레딧이다.

SD-GEO 개요

SD-GEO는 세계 최대 환경 상품 현물 거래소인 Xpansiv의 CBL(CBL Markets)에서 거래되는 표준화된 자발적 탄소 상쇄 계약 중 하나로, '지속가능한 개발 목표(SDGs)'와 탄소 감축을 동시에 추구하는 고품질 상쇄 크레딧이다. 이 계약은 특히 쿡스토브(Cookstove) 프로젝트에 중점을 둔 배출권 거래 상품으로, 단순한 탄소 감축을 넘어 지역사회에 긍정적 영향을 미치는 프로젝트를 대상으로 한다.

기존 탄소 상쇄 상품(GEO, N-GEO, C-GEO)은 품질은 높지만, 구매자 입장에서 프로젝트별 차이로 인한 선택과 검증의 어려움이 있었다. 이에 따라 CBL은 표준화된 계약 형태로 SD-GEO를 출시하여, 사회적 공익성과 환경적 신뢰성을 동시에 갖춘 고품질 배출권을 간편하게 거래할 수 있도록 했다.

SD-GEO는 2022년 12월 6일 첫 거래가 이루어졌으며, 향후 쿠크스토브 외에도 정수기, 조명 등 가정용 저탄소 기기 프로젝트까지 확대될 예정으로, 본 상품은 탄소배출권의 사회적 가치에 주목하는 ESG 투자자들에게 적합한 옵션으로 떠오르고 있다.

SD-GEO 주요 특징

- **목표 프로젝트:** Verra 또는 Gold Standard 등록기관에서 인증한 쿡스토브 프로젝트 중 최소 5개의 유엔 지속가능발전목표(SDGs)를 충족한 프로젝트만 포함
- **표준화된 거래 단위:** 1 SD-GEO = 1톤의 CO_2 감축
- **현물거래 방식:** 구매 즉시 물리적 인도(spot delivery)되는 형태로, 실시간 거래 및 정산이 가능
- **등록기관:** Verra Registry, Gold Standard Registry
- **거래소:** CBL Markets
- **지원 SDGs 예시:** 빈곤 감소(1), 건강 증진(3), 성평등(5), 청정에너지(7), 책임 있는 소비(12), 기후행동(13) 등

SD-GEO 계약 사양 요약

항목	내용
상품명	SD-GEO
거래 단위	1 SD-GEO = 1mtCO_2e
거래 기준 통화	USD
가격 변동 단위	$0.01
적격 프로젝트	최소 5개 SDGs 충족 Cookstove 프로젝트
빈티지 범위	2017-2022, 연간 갱신

항목	내용
정산 방식	Payment vs Delivery (PvD), T+0 물리적 정산
거래시간	연중무휴 24시간
등록기관	Verra, Gold Standard

시장 기능과 기대효과

- **시장 가격 벤치마크 제공**: 쿠크스토브 프로젝트 기반 상쇄배출권의 대표 가격으로 기능
- **프로젝트 검증 효율화**: 복잡한 프로젝트별 평가 없이 기준 충족 여부만 확인하면 거래 가능
- **공정하고 투명한 거래**: CBL 플랫폼에서 실시간 시세 확인 및 리스크 최소화
- **사회적 기여 강조**: 단순한 감축 외에도 건강, 에너지 접근성, 여성 권익 등 다양한 공동 혜택 실현

26

탄소세와 탄소국경세란 무엇인가요?

26 탄소세와 탄소국경세란 무엇인가요?

핵심요약

* 탄소세란?
  온실가스를 배출하는 행위에 대해 정부가 직접 세금을 부과하는 제도이다.
* 탄소국경세란?
  탄소 규제가 느슨한 국가에서 제조된 제품이 탄소규제가 엄격한 국가로 수입될 때, 수입 제품의 생산 과정에서 발생한 탄소에 대해 비용을 부과하는 제도이다.

탄소세의 개념과 특징

탄소세(Carbon Tax)란 온실가스를 배출하는 행위에 대해 정부가 직접 세금을 부과하는 제도이다. 이는 '오염자 부담 원칙(polluter pays principle)'에 기초한 조세정책으로, 탄소세는 화석연료 사용 등으로 인해 배출되는 이산화탄소(CO_2)나 이와 동등한 온실가스를 대상으로 부과된다. 탄소 배출량(tCO_2-eq)에 정해진 세율을 곱하여 과세하며, 직접적이고 예측 가능한 가격 신호를 제공한다. 기업 또는 개인이 탄소세를 줄이기 위해 배출을 감축하거나 에너지 효율성을 높이는 등의 자발적 조치를 유도할 수 있다. 온실가스 배출 감축 외에도 탄소세 수입을 활용한 재투자(재생에너지 확대, 에너지 전환 등)도 가능하다.

온실가스 배출의 외부불경제(externality)를 내부화하여 탄소 배출을 줄이기 위한 목적의 제도이다. 시장의 탄소 가격 신호 부재로 인해 효율적인 감축 유인이 부족하다는 문제를 보완하고자 하는 것이다. 탄소세의 과세 대상은 석탄, 석유, 천연가스 등 화석연료의 연소로 인해 발생하는 온실가스이며, 일부 국가에서는 비에너지 부문 배출(예: 시멘트, 철강 제조 과정)도 포함한다.

국가	도입 시기	탄소세 수준 (2024년 기준)	특징
스웨덴	1991년	약 137유로/tCO_2	세계 최고 수준, 경제성장과 온실가스 감축을 동시 달성
핀란드	1990년	약 70유로/tCO_2	EU 최초 도입국, 에너지세 개편과 연계
일본	2012년	약 2.8달러/tCO_2	'지구온난화대책세'로, 저탄소사회 기반 조성
캐나다	2019년	65캐나다달러/tCO_2 → 2030년까지 170캐나다달러 예정	연방 단위에서 시행, 배출권거래제와 병행

탄소국경세의 개념과 작동 원리

탄소국경세(Carbon Border Adjustment Mechanism, CBAM)란 탄소 규제가 느슨한 국가에서 제조된 제품이 탄소규제가 엄격한 국가로 수입될 때, 수입 제품의 생산 과정에서 발생한 탄소에 대해 비용을 부과하는 제도이다. 이는 국내 기업의 탄소 규제 부담과 수출 경쟁력 저하, 탄소 누출(Carbon Leakage)[1] 방지를 목적으로 설계되었다. EU는 탄소중립(2050 Net Zero)

1 탄소 규제가 엄격한 국가의 기업들이 경쟁력을 상실하거나 세금 회피를 위해 해외로 생산기지를 이전하는 현상을 의미하며, 이로 인해 글로벌 온실가스 감축 효과가 무력화되고, 국내 산업 경쟁력이 저하될 수 있다.

목표를 달성하기 위해 ETS 강화 및 CBAM 도입을 병행 추진하고 있다. CBAM은 WTO 규범과의 정합성, 개발도상국 차별 문제 등에서 논란이 있으나, EU는 기후위기 대응의 공정성 확보 차원에서 이를 정당화하고 있다.

대표적 대상 품목으로는 철강, 알루미늄, 시멘트, 비료, 수소, 전기 등이 있으며, 추후 플라스틱, 유리, 화학제품 등으로의 확대 가능성이 있다. 2023년 10월부터 2025년 12월 말까지 시범운영하여 보고 의무만 있으며, 2026년 1월 1일부터 본격적으로 과금이 시작될 예정이다.

탄소세와 탄소국경세 비교

구분	탄소세(Carbon Tax)	탄소국경세(CBAM)
부과 주체	국가 내 정부 (자국 세금)	수입국 정부 (무역 조정 수단)
대상	국내 배출 기업 또는 소비자	해외에서 생산된 수입 제품
과세 기준	직접 배출량 또는 연료 탄소 함량	수입품 제조과정의 탄소 배출량
목적	탄소 감축, 가격신호 제공, 재원 확보	탄소 누출 방지, 자국 산업 보호
정책 수단	조세정책	무역조정제도 (세금+관세 혼합형)
대표 국가	스웨덴, 핀란드, 캐나다, 일본	EU (2026년 시행 예정), 미국(검토 중)

국내 산업에 미칠 영향 및 시사점

한국은 EU CBAM 도입에 따른 수출 충격을 피하기 위해 기업 차원에서 탄소배출량 측정, 저감 기술 도입, 공정 개선 등의 노력이 절실하다. 특히, 철강, 알루미늄, 석유화학 등 CBAM 대상 업종 중심 수출 비중이 높은 한국은 직접적 피해를 입을 가능성이 크다. 한국은 현재 ETS를 중심으로 감축체계를 운용하고 있으나, 탄소세 도입 여부 및 CBAM 대응 전략 마련이 시급한 상황이다. 탄소세와 CBAM이 국제표준화의 흐름이 되고 있기 때문에, 정부와 기업 모두 탄소회계 시스템 정비, MRV 체계 고도화, 제품별 탄소발자국 산정 및 공시 역량을 강화해야 한다.

27

탄소펀드(Carbon Fund)란 무엇인가요?

27 탄소펀드(Carbon Fund)란 무엇인가요?

핵심요약

* 탄소펀드란?

투자자로부터 자금을 모아 온실가스 감축사업에 투자하고, 이를 통해 확보한 배출권(탄소크레딧)을 투자자에게 분배하거나 수익화하는 집합투자기구이다.

탄소펀드의 구조와 목적

탄소펀드는 투자자로부터 자금을 모아 온실가스 감축사업에 투자하고, 이를 통해 확보한 배출권(탄소크레딧)을 투자자에게 분배하거나 수익화하는 집합투자기구이다. 주로 국제적으로 통용되는 감축수단인 CDM(청정개발체제), JI(공동이행) 등을 통해 인증된 탄소배출권(CER, ERU 등)을 확보하는 데 활용된다.

탄소펀드는 온실가스 감축을 위한 프로젝트 자금 조달, 배출권 확보 및 거래를 통한 수익 창출, 투자자에게 탄소배출권 또는 현금 수익 환원, 리스크 분산 및 다양한 프로젝트 포트폴리오 구성 등의 목적을 위해 조성된다.

탄소펀드의 유형

Strictly Defined Carbon Funds(정의된 탄소펀드)는 뮤추얼펀드 또는 벤처 캐피털 펀드와 유사한 구조를 가진다. 투자자는 선지급 방식으로 펀드에 자금을 출자하며, 펀드운용사는 CDM와 JI 기반 온실가스 감축 프로젝트에 선투자한다. 수익은 배출권(Credit) 또는 현금의 형태로 투자자에게 환원된다. 다양한 국가와 기술에 기반한 감축 프로젝트 포트폴리오를 구성함으로써 리스크를 분산할 수 있다. 배출권 확보 가능성이 높은 프로젝트에 선별적으로 투자하며, 전문 펀드매니저를 통한 프로젝트 발굴 및 개발한다. 특히, 미래 탄소시장 가격 대비 할인된 가격으로 배출권 선확보하는 것이 주요 투자 전략이다.

Project Facilities(프로젝트 수행형 펀드)는 Strictly Defined Carbon Funds와 유사하나, 투자자금의 단순 운용을 넘어서 프로젝트 개발 자체에 직접 참여한다는 점이 특징이다. CDM 및 JI 프로젝트 기획, 등록, 감축 실적 검증 등 사이클 전 과정에 관여하며 탄소배출권을 창출한다. 투자자 맞춤형 구조가 가능하고, 실행력 측면에서 탄력적인 운영이 가능하다.

정부조달 프로그램(Government Procurement Programs)은 정부기관이 주도하여 교토의정서 이행 또는 파리협정 감축목표 달성을 위한 배출권 확보 목적의 탄소펀드이다. 민간에는 개방되지 않는 경우가 많으며, 세계은행(World Bank) 산하의 Prototype Carbon Fund(PCF) 등이 대표 사례이다. 주요 운영주체는 국가 정부기관 (환경부, 기획재정부 등), 국제개발은행 (예: World Bank Carbon Finance Unit), 민간기업 또는 금융기관(예: 탄소금융 전문 컨설팅사) 등이다.

투자 주체에 따라 펀드를 분류할 수도 있는데, 주체가 정부기관인 경우 국가의 감축 의무 이행을 주 목적으로 하며 민간 투자자에게 비공개한다. 민간기업이 투자 주체인 경우 금융기관, 산업체 등 단기 수익성과 다변화된 크레딧 확보를 추구한다. 공공과 민간이 혼합형으로 펀드를 구성하는 경우도 있는데, 투자 유연성이 및 파급력을 높일 수 있다.

탄소펀드의 의의와 한계

개발도상국의 감축사업에 대한 선투자를 통해 온실가스 감축과 기후 재원 조성을 동시에 달성할 수 있다는 것이 탄소펀드가 갖는 주요한 의미다. 탄소시장 성장에 따라 배출권 가격 상승 시 자본수익 창출 가능성이 존재하며, 리스크 분산과 국제 감축목표 이행이라는 정책적 효과도 기대할 수 있다.

이러한 장점에도 불구하고 국제 탄소시장(CDM 중심)의 가격 변동성, 정치적 리스크 등으로 펀드 운용 불확실성이 크다. 탄소펀드에 대한 투자자 이해 부족, 수익성에 대한 신뢰 부족으로 민간 유치가 제한적일 수 있으며, CDM 등 기존 제도의 한계로 인해 신규 감축 프로젝트 발굴 및 검증비용 부담이 존재한다. 최근에는 탄소펀드는 ESG 투자, 녹색금융, 블렌디드 파이낸스와 결합되며 기후금융의 핵심 수단으로 부상하고 있다.

28

탄소배출권의 가격은 어떻게 결정될까요?

28 탄소배출권의 가격은 어떻게 결정될까요?

핵심요약

* 탄소배출권 가격은 기본적으로 공급량과 수요량의 상호작용에 따라 결정한다. 하지만 이 공급과 수요는 일반 상품처럼 단순한 생산과 소비의 문제가 아니며, 정책, 제도, 기업의 전략, 국제협약 등의 복잡한 요소가 얽혀 있다.

탄소배출권의 가격 결정에 영향을 끼치는 요인

탄소배출권은 온실가스 감축을 위한 시장기반의 수단으로, 일정량의 온실가스를 배출할 수 있는 권리를 말한다. 이 권리는 수요와 공급이 만나는 시장에서 거래되며, 그 가격은 일반 상품과는 달리 다양한 정책적, 제도적, 경제적 요인에 의해 결정된다.

기본적으로 탄소배출권의 가격은 금융자산의 가격 결정 논리와 유사하다. 재무학에서는 어떤 사산이든 그 가치는 '위험을 반영한 미래 현금흐름의 기대값'을 현재 시점에서 할인하여 계산한 것으로 본다. 탄소배출권도 마찬가지로, 향후 규제 환경, 기업들의 감축 의무, 시장의 유동성, 제도 변경 가능성, 국제정세 등을 종합적으로 고려해 형성된다.

공급 요인 (공급이 줄면 가격은 오른다)

국가별 감축 목표에 따라 총 배출권 수량이 정해진다. 각국 정부는 자국의 산업 및 발전 부문에 이산화탄소(CO_2) 배출 상한선을 설정하고, 이에 따라 기업별 배출권을 할당한다. 예를 들어, 영국과 폴란드가 감축 목표를 상향 조정하면 해당 국가의 기업들은 더 많은 배출권이 필요해지고, 이는 시장 전체의 수요를 자극해 가격 상승을 유도할 수 있다. 다만, 이 계획은 일단 수립되면 단기적으로는 고정된 값이므로, 가격에 미치는 영향은 장기적인 방향성을 결정하는 데 그친다.

이러한 프로젝트를 통해 새롭게 배출권(CER, ERU 등)이 발행되면, 시장에 공급이 늘어난다. 예를 들어, 개발도상국에서 풍력발전소를 건설하여 감축 효과가 인정되면 CERs가 발행되며, 이는 유럽 ETS 시장 등에 들어와 가격 하락 요인으로 작용한다. 반대로, 감축사업이 지연되거나 폐기된다면 공급이 줄어들어 가격은 상승할 수 있다.

기존에 확보한 배출권을 향후 사용을 위해 보관(Banking)할 수 있도록 허용하면, 현재 시장에 풀리는 물량이 줄어든다. 예컨대 기업들이 '지금보다 미래에 가격이 더 오를 것'이라고 판단하면, 당장의 판매를 줄이고 가격은 상승하게 된다.

수요 요인 (수요가 늘면 가격은 오른다)

우선, 기업의 연료 선택 전략이 수요에 영향을 줄 수 있다. 전력 생산기업은 석탄처럼 탄소 배출이 많은 연료와, 천연가스처럼 상대적으로 청정한 연료 중에서 선택하게 된다. 만약, 석탄을 선택한다면 더 많은 배출권이 필요하게 되어 시장 수요가 커지고 가격이 상승한다. 따라서, 단기적으로는 연료비 차이와 탄소배출권 가격을 비교해 어떤 연료를 사용할지 결정하게 된다.

이러한 메커니즘에서 생각해 보면 재생에너지 발전 여건도 수요에 영향을 줄 수 있다. 풍력, 수력 등 재생에너지의 발전량이 많아지면, 온실가스 배출이 줄고 배출권 수요도 감소한다. 예를 들어, 풍량이 풍부한 해에는 풍력 발전이 늘어나고, 이는 전력 생산에서 화석연료 비중이 줄면서 배출권 수요도 줄어들고 가격은 하락한다.

전력가격의 변화도 영향을 줄 수 있는데, 전력가격이 상승하면 기업의 수익성이 높아지고, 이로 인해 상대적으로 비싼 청정연료의 사용이 늘어난다. 청정연료를 사용하면 온실가스 배출이 줄어들기 때문에 배출권 수요도 줄고 가격은 낮아질 수 있다.

경제가 성장하고 산업 생산이 늘어나면 에너지 수요도 함께 증가하게 된다. 이는 배출권 수요 증가로 이어지고, 가격 상승 요인이 된다. 반대로, 경기 침체나 산업 활동 감소 시 배출권 수요가 줄면서 가격도 하락할 수 있다.

정책적 불확실성과 시장에서의 심리적인 요인도 영향을 줄 수 있다. 이는 제도의 안정성과 미래 예측 가능성의 영향으로 해석할 수 있다. 예를 들어, 유럽연합의 탄소국경조정제도(CBAM)와 같이 국경세 도입이 확정되면, 탄소배출권 수요가 증가하고 가격이 오를 수 있다. 또한, 배출권 거래에 대한 투기적 수요나 금융기관의 참여도 가격 변동성을 높이는 요인으로 작용한다.

시사점

유럽연합에서는 초기의 배출권 과잉공급으로 가격이 폭락한 바 있으며, 이후 '시장안정화 예비분(MSR, Market Stability Reserve)' 제도를 통해 공급 조절 기능을 강화하였다. 한국에서는 2015년 제도 시행 후 초기에는 무상할당 비율이 높고 감축 목표가 낮아 배출권 남는 기업들이 많았고, 실질적인 감축 효과는 제한적이었다. 그러나, 2019년부터는 유상할당 확대 및 감축 목표 강화로 시장 가격이 점차 상승하는 경향을 보였다.

탄소배출권의 가격은 단순한 수요와 공급의 원리만으로 설명되지 않는다. 이 시장은 정책 신호에 민감하게 반응하며, 특히 규제의 강도, 감축 목표 설정, 국제 협약의 변화, 에너지시장 동향 등이 복합적으로 작용한다. 따라서, 탄소배출권 가격을 예측하고 대응하기 위해서는 단기적인 시장 흐름은 물론, 정책 및 제도의 방향성, 에너지 및 산업 구조의 변화에 대한 이해가 필수적이다.

29

KRX(한국거래소) 배출권거래시장의 구조는 어떻게 되나요?

29 KRX(한국거래소) 배출권거래시장의 구조는 어떻게 되나요?

핵심요약

* KRX 배출권거래시장이란?

2015년부터 우리나라의 배출권거래제(ETS) 시장을 운영하는 공식적인 거래소로 지정되어 온실가스 배출권의 매매를 담당하고 있다.

KRX 배출권거래시장의 거래 절차

- **배출권 할당:** 환경부가 각 기업에 연도별 배출권을 할당
- **배출활동:** 기업들은 실제 사업장에서 온실가스를 배출
- **배출권 거래:** 잉여 배출권을 보유한 기업은 부족한 기업에 배출권을 판매
- **배출권 제출:** 연말에 실제 배출량만큼의 배출권을 정부에 제출하여 감축실적 인증

KRX 배출권거래시장의 거래 구조

KRX 배출권시장에서는 다음과 같은 두 종류의 배출권이 거래된다. 할당배출권(KAU, Korea Allowance Unit)은 환경부가 계획기간별로 할당한 온실가스 배출허용량. 각 이행연도별로 구분되어 거래된다. 예를 들어, 제3차 계획기간(2021~2025년)에는 2021년분, 2022년분 등 연도별로 따

로 상장된다. 상쇄배출권(KCU, Korea Credit Unit)은 외부사업(CDM, 국내 온실가스 감축사업 등)을 통해 발생한 감축 실적을 배출권으로 전환한 것이다. 국내외 감축 프로젝트에서 발생하며, 이행연도별로 상장된다.

거래의 최소단위는 1톤의 이산화탄소 환산량(tCO_2-eq)이며, 호가 단위는 10원이다. 거래가능한 시간은 주식시장과 유사한 시간대(오전 9시~오후 3시 30분)이며, 결제 방식은 T+2 결제 방식으로 체결 후 2 영업일 후에 실물 배출권이 이전된다. 거래된 배출권의 소유권 변동 관리는 KETAS플랫폼의 배출권등록부를 통해 이뤄진다.

실질적 의의 및 영향

KRX를 통한 배출권 거래는 다음과 같은 기능을 수행한다.

- **시장가격 형성:** 배출권의 수요와 공급에 따라 가격이 형성되어, 배출권의 희소성과 경제적 가치를 반영
- **거래 안정성 보장:** 국가 공인 거래소를 통해 투명하고 안전한 거래 보장
- **감축 유인 제공:** 감축을 잘한 기업에게는 경제적 보상이, 그렇지 못한 기업에게는 비용 부담이 주어짐.

향후 과제

- **배출권 유동성 확대:** 현재 시장참여 기업 외의 금융기관, 개인투자자 등 참여 확대 필요
- **상쇄배출권 제도 개선:** 국제 기준과의 정합성 강화 및 인증 절차 간소화
- **시장 가격안정성 확보:** 가격 폭등·폭락 방지를 위한 시장안정화 장치 필요

30

기타 키워드 정리

30 기타 키워드 정리

- A/R CDM: Afforestation/Reforestation Clean Development Mechanism (A/R CDM)은 숲을 심거나 재식림하여 온실가스 감축을 달성하는 프로젝트를 지원하는 Clean Development Mechanism의 일종
- AAU: Assigned Amount Units(AAU)는 각 국가에 할당된 온실가스 배출 허용량을 나타내는 단위
- CAR: Carbon Asset Reserve(CAR)는 탄소크레딧을 보관하고 관리하는 시스템
- CCS: Carbon Capture and Storage(CCS)는 탄소 포집 및 저장 기술
- CCUS: Carbon Capture, Utilization, and Storage(CCUS)는 탄소 포집, 이용 및 저장 기술
- CTCN: Climate Technology Centre and Network(CTCN)는 기후 기술 지원을 위한 국제 기구
- EEX: European Energy Exchange(EEX)는 유럽의 에너지 시장을 운영하는 기관
- EII: Energy Intensive Industry(EII)는 에너지 집약형 산업
- ERU: Emission Reduction Unit(ERU)은 온실가스 감축 프로젝트로부터 발생한 감축량을 나타내는 단위
- FIT: Feed-in Tariff(FIT)는 재생에너지 발전업체에게 보장된 우선 수급 가격
- GEF: Global Environment Facility(GEF)는 국제 환경 보호 및 지속가능한 발전을 지원하는 국제 기구

- ICE: Intercontinental Exchange(ICE)는 글로벌 상품 및 금융 시장을 운영하는 기업
- ITL: International Transaction Log(ITL)는 국제적인 온실가스 배출 거래를 추적하고 감시하는 시스템
- JVETS: Joint Venture Emission Trading Scheme(JVETS)는 기업 간 협력을 통한 온실가스 배출권 거래 제도
- LULUCF: Land Use, Land-Use Change, and Forestry(LULUCF)는 토지 이용, 토지 이용 변화 및 산림 관리에 따른 온실가스 배출과 흡수를 다루는 분야
- NAP: National Allocation Plan(NAP)은 각 국가에서 배출권 할당 계획을 의미
- NMA: National Monitoring Authority(NMA)는 국가에서 배출권 모니터링을 담당하는 기관
- OTC: Over-the-Counter(OTC)는 거래소가 아닌 개별 거래를 의미
- RMU: Removal Units(RMU)는 온실가스 감축 또는 제거를 나타내는 단위
- SMP: Supplementary Measures Policy(SMP)는 추가적인 정책이나 조치를 의미
- VCMI: Verified Carbon Market Information(VCMI)은 검증된 탄소시장 정보를 제공하는 시스템
- VER: Verified Emission Reductions(VER)는 검증된 온실가스 감축량을 나타내는 단위

참고문헌

- American Carbon Registry. Retrieved August 14, 2024, from https://americancarbonregistry.org/
- Carbonplace. Retrieved July 3, 2024, from https://carbonplace.com/
- Climate Action Reserve. Retrieved September 9, 2024, from https://www.climateactionreserve.org/
- Climate Impact X. Retrieved May 21, 2024, from https://www.cixcarbon.com/
- CME Group. *CBL Global Emissions Offset (GEO) futures: Contract specifications*. Retrieved June 2, 2024, from https://www.cmegroup.com/
- European Commission. *EU Emissions Trading System (EU ETS)*. Retrieved April 27, 2024, from https://climate.ec.europa.eu/eu-action/eu-emissions-trading-system-eu-ets_en
- European Commission, Directorate-General for Taxation and Customs Union. *Carbon Border Adjustment Mechanism (CBAM)*. Retrieved July 18, 2024, from https://taxation-customs.ec.europa.eu/carbon-border-adjustment-mechanism_en
- European Parliament, & Council of the European Union. (2023, May 10). *Regulation (EU) 2023/956 establishing a carbon border adjustment mechanism (CBAM)*.EUR-Lex. https://eur-lex.europa.eu/
- ICAO. (2023). *CORSIA brochure* (2023 ed.). International Civil Aviation Organization. https://www.icao.int/environmental-protection/CORSIA/Pages/default.aspx
- ICVCM. (2023). *Core Carbon Principles (CCPs) and Assessment Framework*. https://icvcm.org/
- IPCC. (2023). *AR6 synthesis report: Summary for policymakers*.https://www.ipcc.ch/
- KRX. *배출권시장 안내: 제도 개요*. Retrieved March 12, 2024, from https://ets.krx.co.kr/
- Ministry of Environment (Republic of Korea). (2020, December 24). *온실가스 배출권 거래제 3차 계획기간 배출권 할당 완료*. https://me.go.kr/
- Ministry of Environment (Republic of Korea). (2024, January 23). *제3차 계획기간 (2021-2025) 국가 배출권 할당계획(변경)*.https://niwdc.me.go.kr/

- UNFCCC. (2015). *Paris Agreement*.https://unfccc.int/
- UNFCCC. *Warsaw Framework for REDD+*.Retrieved September 2, 2024, from https://unfccc.int/topics/land-use/workstreams/reddplus
- VCMI. (2023). *VCMI Claims Code of Practice*.https://vcmi.global/
- Verra. *Verified Carbon Standard (VCS) Program*.Retrieved May 6, 2024, from https://verra.org/
- Xpansiv/CBL. (2022, November). *SD-GEO product materials and fact sheet*. https://xpansiv.com/

키워드로 살펴보는 탄소시장

초판발행 2025년 11월 20일

지은이 김형진
펴낸이 안종만 · 안상준

편 집 소다인
기획/마케팅 김민규
표지디자인 BEN STORY
제 작 고철민 · 김원표

펴낸곳 (주) 박영사
서울특별시 금천구 가산디지털2로 53, 210호(가산동, 한라시그마밸리)
등록 1959. 3. 11. 제300-1959-1호(倫)
전 화 02)733-6771
f a x 02)736-4818
e-mail pys@pybook.co.kr
homepage www.pybook.co.kr
ISBN 979-11-303-2129-5 93320

정 가 19,000원